어린이 훈민정음을 위한 **초등학교 3학년 국정교과서**

교과서 한자어

(사)훈민정음기념사업회 책임편집

3학년

개정 교육과정 최신판 교과서 철저 분석!
어린이 훈민정음과 교과서 한자어를 동시에!
(사)훈민정음기념사업회·문화체육관광부 산하

가나북스

어린이 훈민정음을 위한 **초등학교 3학년 국정교과서**

교과서 한자·어 3학년

발 행 일 **|** 2024년 5월 5일 초판 1쇄
지 은 이 **|** 박재성
책 임 감 수 **|** 김진곤
편 집 위 원 **|** 김보영 박화연 박희영 이도선
발 행 인 **|** 배수현
디 자 인 **|** 천현정
펴 낸 곳 **|** 가나북스 www.gnbooks.co.kr
감 수 처 **|** 사단법인 훈민정음기념사업회
출 판 등 록 **|** 제393-2009-000012호
주 소 **|** 경기도 파주시 율곡로 1406
전 화 **|** 031)959-8833(代)
팩 스 **|** 031)959-8834

ISBN 979-11-6446-105-9(63710)

어린이 훈민정음을 위한 초등교과서 한자어는 오락(五樂)공부입니다… 99

3학년 과학 교과서에 '의사소통'이라는 낱말이 나옵니다. 무슨 뜻일까요? 이러한 어려운 한자어 때문에 어린이 여러분들이 선생님께서 가르쳐주시는 내용을 바로 이해하지 못하고, 교과서를 읽어도 무슨 뜻인지 몰라 학교 수업이 재미가 없고 어렵다고 느꼈던 경험이 많을 것입니다.

이 '의사'라는 낱말을 만약 선생님께서 '의사소통(意思疏通 : 가지고 있는 생각이나 뜻이 서로 통함)'이라고 한자로 함께 적어서 설명해 주셨더라면 '의사(醫師 : 면허를 얻어 의술과 약으로 병을 진찰하고 치료하는 사람)'인지 '의사(義士 : 의협심이 있고 절의를 지키는 사람)'인지 낱말의 의미를 시각적으로 생각할 수 있어서 '의사 선생님이 소하고 통한다.'라는 엉터리 풀이를 하지 않을 것입니다. 그래서 교과서 내용을 좀 더 빠르고 정확하게 이해할 수 있게 되어 어휘력이 좋아지면서 교과 학습능력도 지금보다 더 많이 향상될 수 있었을 것으로 생각합니다.

그래서 세종대왕께서는 우리 말을 더 쉽고 정확히 익힐 수 있도록 훈민정음을 만들어 주셨습니다. 이에 2022 개정 교육과정 최신판 초등학교 교과서에 실린 한자어를 철저히 분석하여 쉽게 이해하고 활용할 수 있는 『초등교과서 한자어 학습서』를 출간하였습니다.

교과서 한자어 공부는 다섯 가지 즐거움 즉, 오락(五樂) 공부입니다.

오락(五樂)이란? ①수업이 즐거운 「受業樂(수업락)」, ②학교가 즐거운 「學校樂(학교락)」, ③자녀가 즐거운 「子女樂(자녀락)」, ④부모가 즐거운 「父母樂(부모락)」, ⑤가정이 즐거운 「家庭樂(가정락)」의 다섯 가지[五] 즐거움[樂]입니다.

뿌리가 튼튼해야 열매가 풍성합니다. 대한민국의 미래를 위해서라도 어린이 훈민정음을 위한 교과서 한자어 학습은 문해력을 높여주는 특별한 학습법이 될 것입니다.

◀ ◀ ◀ ◀ ◀ ◀

어린이 훈민정음을 위한 『초등교과서 한자어 [3학년]』 학습서는 초등학교 국정교과서 과목에 실린 한자어를 완전히 분석한 자료를 바탕으로 학교 수업과 직접 연결되게 하여 우리 어린이들이 재미있고 쉽게 교과서 한자어를 익힐 수 있도록 특별 비법으로 집필하였습니다.

아무쪼록 이 책으로 공부하는 우리 어린이들이 교과서의 내용을 더 빠르고 정확하게 이해하는 데에 도움이 되고, 나아가 즐거움 속에서 학습하고 마음껏 뛰놀면서 다양한 지식을 갖춘 글로벌 인재로 성장하는 데에 보탬이 되기를 소원합니다.

사단법인 훈민정음기념사업회 이사장/교육학박사 **박 재 성**

이 책은 2022 개정 교육과정에 맞춘 최신판 초등학교 3학년 국정교과서에 실린 한자어를 분석하였기 때문에 해당 학년의 교과서(국어, 수학, 과학, 도덕, 사회)에 나오는 한자어의 뜻을 쉽고 정확하게 이해하여 교과 학습능력도 향상될 수 있도록 어린이를 위한 훈민정음으로 교과서 한자어를 편집하였습니다.

1 3학년 교과서의 내용에 사용된 모든 한자어를 철저히 분석하였습니다.

2 국어, 수학, 과학, 도덕, 사회 과목의 순서대로 3학년 1, 2학기의 교과서 내용에 실린 한자어가 중복되지 않도록 배열하여 학교 수업과 직접 연관된 학습 교재가 될 수 있도록 노력하였습니다.

3 각 단원의 한자어마다 낱말을 구성하는 한자의 훈과 음은 물론 어휘의 뜻까지 노래 가사로 구성하여 누구나 노래만 부르면 저절로 외워질 수 있는 아주 특별한 학습방법을 고안하여 집필하였습니다.

4 각각의 한자어마다 단어 구성의 원리를 밝혀서 무조건 외우게 하는 책이 아니라 학생 스스로 쉽게 이해하고 재미있게 활용할 수 있는 스스로 학습법 교재가 될 수 있도록 편집하였습니다.

5 각각의 한자어마다 스스로 학습법을 채택하여 스스로 익힐 수 있도록 하여 생활 한자어 학습서의 기능은 물론이고, 개인 가정교사 역할도 할 수 있도록 편집하였습니다.

6 한자어마다 '암기비법' 방식으로 간단명료하게 한자어의 원리를 터득하고 바로 암기될 수 있는 연상기억 학습법을 도입한 특별한 교재로 편집하였습니다.

7 10개의 한자어를 학습한 후 반복 학습을 통해 자신도 모르는 사이에 저절로 외워질 수 있도록 교과서 한자어를 어린이를 위한 훈민정음으로 편집하였습니다.

8 논술의 기본이 글씨체임을 생각하여 한자어마다 바르고 예쁜 경필 쓰기 칸을 두어 글씨본의 기능도 첨가하였습니다.

교과서 한자어 학습법

한자 공부뿐만 아니라 모든 학습의 기본은 반복 학습이 최고입니다. 특히 인간은 태어나면서부터 반복하는 생활 방식을 익혀야 하는 특징을 지녔습니다.

바로 이『초등교과서 한자어 [3학년]』학습서는 각 페이지를 차근차근 넘겨 가면서 반복 학습하다 보면 자신도 모르게 한자 낱말이 저절로 익혀지는 특수 학습법으로 구성되었습니다.

첫째, 각 단원에서 배울 한자어 가사를 4분의 4박자 동요 곡에 붙여 노래 불러봅니다.

둘째, 10개의 한자어 한글 가사를 여러분이 알고 있는 4분의 4박자 동요 곡에 붙여 노래를 불러봅니다. 예) 금강산, 봄비, 뻐꾸기, 초록바다, 썰매, 한글날 노래 등

셋째, 이번에는 한글 가사 부분을 안 보이게 다른 종이로 가리고서 그 아래에 있는 한글과 한자로 섞어 쓴 가사를 다시 잘 보면서 노래를 불러봅니다.

넷째, 학습할 한자어의 [암기비법] 풀이를 큰 소리로 여러 차례 읽어봅니다.

다섯째, 학습할 한자어의 [사전풀이]를 큰 소리로 여러 차례 읽어봅니다.

여섯째, 한자 낱말이 사용된 예문을 읽고서 한자 어휘의 독음을 예쁘게 경필로 써봅니다.

일곱째, 한자어가 사용된 예문을 읽고서 한자어의 독음을 예쁘게 써봅니다.

여덟째, 한자어가 쓰인 문장을 읽고서 한자어를 예쁘게 경필 글씨를 써봅니다.

아홉째, 한자어 10개를 익힐 때마다 「다시 한번 해 봐요.」쪽에서 1번부터 5번까지 차근차근 따라서 배운 실력을 스스로 확인해 봅니다.

열째, 「초등교과서 한자어 평가 문제」를 스스로 풀어보고 해답을 보면서 자신의 교과서 한자 어휘 실력을 점검해 봅니다.

목 차

Ⅰ. 국어

II. 수학

Ⅴ. 사회

Ⅵ. 부록

국어

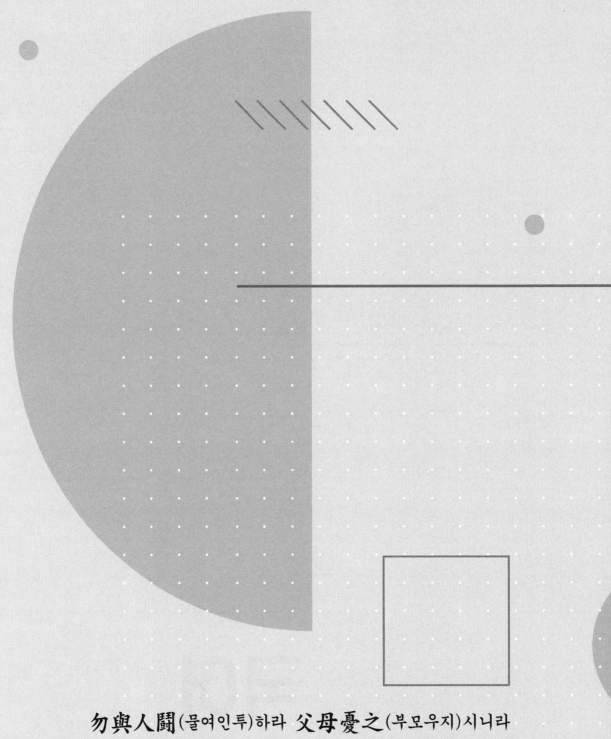

勿與人鬪(물여인투)하라 父母憂之(부모우지)시니라

다른 사람들과 다투지 말라,
부모님께서 그것을 근심하시기 때문이다. 《인성보감》

簡單 * 感動的 * 健康 * 經驗 * 繼續
考慮 * 公主 * 怪物 * 敎室 * 男妹

📍 한글로 된 가사를 노래로 부르면 한자어의 뜻이 쉽게 이해돼요.

대 쪽 간 에	홑 단 하 면	단 순 간 략	간 단 이 고
느 낄 감 에	움 직 일 동	과 녁 적 의	감 동 적 은
굳 셀 건 에	편 안 할 강	튼 튼 하 다	건 강 이 며
지 낼 경 에	시 험 할 험	몸 소 겪 음	경 험 이 고
이 을 계 에	이 을 속 은	이 어 나 감	계 속 이 며
생 각 할 고	생 각 할 려	헤 아 리 는	고 려 이 고
공 평 할 공	주 인 주 는	임 금 의 딸	공 주 이 며
괴 이 할 괴	물 건 물 은	괴 상 물 체	괴 물 이 고
가 르 칠 교	집 실 이 면	수 업 하 는	교 실 이 며
사 내 남 에	누 이 매 는	오 빠 누 이	남 매 이 다

📍 이제는 한자로 쓰인 한자어 가사도 쉽게 읽을 수 있어요~~^^

대 쪽 簡 에	홑 單 하 면	單 純 簡 略	簡 單 이 고
느 낄 感 에	움 직 일 動	과 녁 的 의	感 動 的 은
굳 셀 健 에	便 安 할 康	튼 튼 하 다	健 康 이 며
지 낼 經 에	試 驗 할 驗	몸 소 겪 음	經 驗 이 고
이 을 繼 에	이 을 續 은	이 어 나 감	繼 續 이 며
생 각 할 考	생 각 할 慮	헤 아 리 는	考 慮 이 고
公 平 할 公	主 人 主 는	임 금 의 딸	公 主 이 며
怪 異 할 怪	物 件 物 은	怪 狀 物 體	怪 物 이 고
가 르 칠 敎	집 室 이 면	受 業 하 는	敎 室 이 며
사 내 男 에	누 이 妹 는	오 빠 누 이	男 妹 이 다

簡 單　간단

簡 대쪽 간 ＋ 單 홑 단 ＝ 簡單

（암기비법）간략[簡]하고 단순[單]하니 簡單이다.

（사전풀이）단순하고 간략하다.

❀ 다음 빈칸에 한자어의 독음을 쓰고, 한자어를 예쁘게 써 보세요.

簡單 ⬚ ／ 簡 ⬚ ＋ 單 ⬚

（독음연습）왜 왕따가 발생하는지 簡單하게 설명하시오.

簡	單	簡	單				

感 動 的　감동적

感 느낄 감 ＋ 動 움직일 동 ＋ 的 과녁 적 ＝ 感動的

（암기비법）크게 느끼어[感] 마음이 움직이는[動] 것[的]이 感動的이다.

（사전풀이）크게 느끼어 마음이 움직이는. 또는 그런 것.

❀ 다음 빈칸에 한자어의 독음을 쓰고, 한자어를 예쁘게 써 보세요.

感動的 ⬚ ／ 感 ⬚ ＋ 動 ⬚ ＋ 的 ⬚

（독음연습）이 드라마는 가족간 사랑의 중요성을 感動的으로 나타내었다.

感	動	的	感	動	的		

健康　건강

健　굳셀　건　+　康　편안할　강　=　健康

군세고[健] 편안한[康] 것이 健康이다.

정신적으로나 육체적으로 아무 탈이 없고 튼튼함.

❀ 다음 빈칸에 한자어의 독음을 쓰고, 한자어를 예쁘게 써 보세요.

健康　　　/　健　　　+　康

아침저녁으로 부모님의 健康을 살펴드리는 것도 효도이다.

健	康	健	康						

經驗　경험

經　지낼　경　+　驗　시험할　험　=　經驗

지내보고[經] 시험해보는[驗] 것이 經驗이다.

자신이 실제로 해 보거나 겪어 봄.

❀ 다음 빈칸에 한자어의 독음을 쓰고, 한자어를 예쁘게 써 보세요.

經驗　　　/　經　　　+　驗

한 가지 일을 經驗하지 않으면 한 가지 지혜가 자라지 않는다.

經	驗	經	驗						

繼 續　계속

繼 이을 계 + 續 이을 속 = 繼續

이어지고[繼] 이어지는[續] 것이 繼續이다.

끊이지 않고 이어 나감.

❀ 다음 빈칸에 한자어의 독음을 쓰고, 한자어를 예쁘게 써 보세요.

繼續 [　] / 繼 [　] + 續 [　]

오늘 강의는 지난 강의의 繼續이다.

繼	續	繼	續				

考 慮　고려

考 생각할 고 + 慮 생각할 려 = 考慮

생각하고[考] 생각해[慮] 보는 것이 考慮이다.

생각하고 헤아려 봄.

❀ 다음 빈칸에 한자어의 독음을 쓰고, 한자어를 예쁘게 써 보세요.

考慮 [　] / 考 [　] + 慮 [　]

그 문제는 아직 심각하게 考慮 중이다.

考	慮	考	慮		

公 主 공주

公 공평할 공 + 主 주인 주 = 公主

삼공[公]이 주례[主]하는 公主이다.

정실 왕비가 낳은 임금의 딸.

❀ 다음 빈칸에 한자어의 독음을 쓰고, 한자어를 예쁘게 써 보세요.

| 公主 | | / | 公 | | + | 主 | |

나는 동생에게 백설公主와 일곱 난쟁이의 이야기를 들려줬다.

| 公 | 主 | 公 | 主 | | | | | | |

怪 物 괴물

怪 괴이할 괴 + 物 물건 물 = 怪物

괴이하게[怪] 생긴 물건[物]이 怪物이다.

괴상하게 생긴 물체.

❀ 다음 빈칸에 한자어의 독음을 쓰고, 한자어를 예쁘게 써 보세요.

| 怪物 | | / | 怪 | | + | 物 | |

나는 어제 怪物이 나오는 공포 영화를 관람하였다.

| 怪 | 物 | 怪 | 物 | | | | | | |

教 室　교실

| 教 | 가르칠 교 | + | 室 | 집 실 | = | 教室 |

가르침을[教] 받는 방[室]이 教室이다.

유치원, 초등학교, 중·고등학교에서 학습 활동이 이루어지는 방.

❀ 다음 빈칸에 한자어의 독음을 쓰고, 한자어를 예쁘게 써 보세요.

| 教室 | | / | 教 | | + | 室 | |

독음연습　教室 구석에는 청소도구들이 너저분하게 놓여 있었다.

| 教 | 室 | 教 | 室 | | | | | | |

男 妹　남매

| 男 | 사내 남 | + | 妹 | 누이 매 | = | 男妹 |

오빠[男]와 누이[妹] 사이가 男妹이다.

오빠와 누이를 아울러 이르는 말.

❀ 다음 빈칸에 한자어의 독음을 쓰고, 한자어를 예쁘게 써 보세요.

| 男妹 | | / | 男 | | + | 妹 | |

독음연습　우리 男妹는 나란히 대학교에 입학하였다.

| 男 | 妹 | 男 | 妹 | | | | | | |

1. 다음 □□안에 알맞은 한자어를 <보기>에서 찾아 써 보세요.

보기	怪物 感動的 考慮 經驗 男妹 繼續 公主 簡單 教室 健康

대 쪽 간 에	홑 단 하 면	단 순 간 략		이 고
느 낄 감 에	움 직 일 동	과 녁 적 의		과
굳 셀 건 에	편 안 할 강	튼 튼 하 다		이 며
지 낼 경 에	시 험 할 험	몸 소 겪 음		이 고
이 을 계 에	이 을 속 은	이 어 나 감		이 며
생 각 할 고	생 각 할 려	헤 아 리 는		이 고
공 변 될 공	주 인 주 는	임 금 의 딸		이 며
괴 이 할 괴	물 건 물 은	괴 상 물 체		이 고
가 르 칠 교	집 실 이 면	수 업 하 는		이 며
사 내 남 에	누 이 매 는	오 빠 누 이		이 다

2. 다음 한자어의 뜻을 써 보세요.

① 簡單

② 感動的

③ 健康

④ 經驗

⑤ 繼續

⑥ 考慮

⑦ 公主

⑧ 怪物

⑨ 教室

⑩ 男妹

3. 다음 한자어의 독음을 쓰고, 예쁘게 한자로 써 보세요.

① 單元 [　] 單元 單元
② 感動的 [　] 感動的 感動的
③ 健康 [　] 健康 健康
④ 經驗 [　] 經驗 經驗
⑤ 繼續 [　] 繼續 繼續
⑥ 考慮 [　] 考慮 考慮
⑦ 公主 [　] 公主 公主
⑧ 怪物 [　] 怪物 怪物
⑨ 敎室 [　] 敎室 敎室
⑩ 男妹 [　] 男妹 男妹

4. 다음 한자어에 독음과 알맞은 뜻을 바르게 연결하세요.

① 男妹 ● ● 계속 ● ● 오빠와 누이를 아울러 이르는 말.

② 怪物 ● ● 간단 ● ● 괴상하게 생긴 물체.

③ 考慮 ● ● 남매 ● ● 생각하고 헤아려 봄.

④ 繼續 ● ● 괴물 ● ● 끊이지 않고 이어 나감.

⑤ 簡單 ● ● 고려 ● ● 단순하고 간략하다.

大臣 ＊ 大王 ＊ 同生 ＊ 媽媽 ＊ 魔術
目標 ＊ 文魚 ＊ 未安 ＊ 背囊 ＊ 白狗

📍 한글로 된 가사를 노래로 부르면 한자어의 뜻이 쉽게 이해돼요.

큰 대 하 고	신 하 신 은	옛 날 장 관	대 신 이 고
큰 대 하 여	임 금 왕 은	선 왕 높 임	대 왕 이 며
한 가 지 동	날 생 이 니	나 이 적 은	동 생 이 고
어 미 마 에	어 미 마 면	여 성 존 대	마 마 이 며
마 귀 마 에	꾀 술 하 면	속 임 수 니	마 술 이 고
눈 목 에 다	우 듬 지 표	어 떤 목 적	목 표 이 며
글 월 문 에	고 기 어 는	연 체 동 물	문 어 이 고
아 닐 미 에	편 안 할 안	편 치 못 한	미 안 이 며
등 배 에 다	주 머 니 낭	등 에 가 방	배 낭 이 고
빛 깔 이 흰	강 아 지 라	흰 백 개 구	백 구 이 다

📍 이제는 한자로 쓰인 한자어 가사도 쉽게 읽을 수 있어요~~^^

큰 大 하 고	臣 下 臣 은	옛 날 長 官	大 臣 이 고
큰 大 하 여	임 금 王 은	先 王 높 임	大 王 이 며
한 가 지 同	날 生 이 니	나 이 적 은	同 生 이 고
어 미 媽 에	어 미 媽 면	女 性 尊 待	媽 媽 이 며
魔 鬼 魔 에	꾀 術 하 면	속 임 수 니	魔 術 이 고
눈 目 에 다	우 듬 지 標	어 떤 目 的	目 標 이 며
글 월 文 에	고 기 魚 는	軟 體 動 物	文 魚 이 고
아 닐 未 에	便 安 할 安	便 치 못 한	未 安 이 며
등 背 에 다	주 머 니 囊	등 에 가 방	背 囊 이 고
빛 깔 이 흰	강 아 지 라	흰 白 개 狗	白 狗 이 다

大 臣 대신

大 큰 대 + 臣 신하 신 = 大臣

큰[大] 신하[臣]가 大臣이다.

군주 국가에서 '장관'(長官)을 이르는 말.

❀ 다음 빈칸에 한자어의 독음을 쓰고, 한자어를 예쁘게 써 보세요.

大臣 [ ] / 大 [ ] + 臣 [ ]

大臣들이 머리를 맞대고 대응책 마련에 고심하였다.

大	臣	大	臣				

大 王 대왕

大 큰 대 + 王 임금 왕 = 大王

큰[大] 임금[王]이 大王이다.

'선왕(先王)'을 높여 이르던 말.

❀ 다음 빈칸에 한자어의 독음을 쓰고, 한자어를 예쁘게 써 보세요.

大王 [ ] / 大 [ ] + 王 [ ]

세종大王은 우리에게 훈민정음이라는 위대한 문자를 남겨 주었다.

大	王	大	王				

同 生　동생

同 한가지 동 + 生 날 생 = 同生

한[同] 부모에게서 태어나[生] 나이 적은 사람이 同生이다.

같은 부모에게서 태어난 자식 가운데 나이가 적은 사람.

❀ 다음 빈칸에 한자어의 독음을 쓰고, 한자어를 예쁘게 써 보세요.

| 同生 | | / | 同 | | + | 生 |

철수는 同生이 자기보다 키가 크다고 투덜댔다.

同	生	同	生						

媽 媽　마마

媽 어미 마 + 媽 어미 마 = 媽媽

어미[媽] 어미[媽]라고 높임말이 媽媽이다.

벼슬아치의 첩을 높여 이르던 말.

❀ 다음 빈칸에 한자어의 독음을 쓰고, 한자어를 예쁘게 써 보세요.

| 媽媽 | | / | 媽 | | + | 媽 |

전하! 대비媽媽께서 편전에 납시었나이다.

媽	媽	媽	媽						

魔 術 마술

魔 마귀 **마** + 術 꾀 **술** = 魔術

마귀[魔] 같은 잔 꾀[術]로 속임수가 魔術이다.

사람의 눈을 속여 신기하고 이상한 일을 하여 보이는 재주.

❀ 다음 빈칸에 한자어의 독음을 쓰고, 한자어를 예쁘게 써 보세요.

| 魔術 | | / | 魔 | | + | 術 | |

서커스 공연에서 魔術이 가장 인기가 많다.

| 魔 | 術 | 魔 | 術 | | | | | | |

目 標 목표

目 눈 **목** + 標 우듬지 **표** = 目標

목적[目]한 바를 표시[標]해 놓은 것이 目標이다.

어떤 목적을 이루려고 지향하는 실제적 대상으로 삼음.

❀ 다음 빈칸에 한자어의 독음을 쓰고, 한자어를 예쁘게 써 보세요.

| 目標 | | / | 目 | | + | 標 | |

이 目標를 달성하려면 남보다 몇 십 배의 노력을 하여야 한다.

| 目 | 標 | 目 | 標 | | | | | | |

文 魚 문어

文 글월 문 + 魚 고기 어 = 文魚

 글[文] 읽는 모습 닮은 고기[魚]라 해서 文魚이다.

문어과의 연체동물.

❀ 다음 빈칸에 한자어의 독음을 쓰고, 한자어를 예쁘게 써 보세요.

| 文魚 | | / | 文 | | + | 魚 | |

 文魚나 오징어 같은 연체류는 몸에 뼈가 없어서 흐물흐물하다.

| 文 | 魚 | 文 | 魚 | | | | | | |

未 安 미안

未 아닐 미 + 安 편안할 안 = 未安

 편안하지[安] 아니하니[未] 未安이다.

남에게 대하여 마음이 편치 못하고 부끄러움.

❀ 다음 빈칸에 한자어의 독음을 쓰고, 한자어를 예쁘게 써 보세요.

| 未安 | | / | 未 | | + | 安 | |

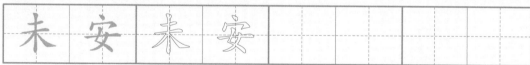 '고맙습니다. 감사합니다. 未安합니다.'라는 인사말을 사용합시다.

| 未 | 安 | 未 | 安 | | | | | | |

背囊 배낭

背 등 배 + 囊 주머니 낭 = 背囊

등[背]에 지는 주머니[囊]가 背囊이다.

물건을 넣어서 등에 질 수 있도록 헝겊이나 가죽 따위로 만든 가방.

❀ 다음 빈칸에 한자어의 독음을 쓰고, 한자어를 예쁘게 써 보세요.

| 背囊 | | / | 背 | | + | 囊 | |

우리는 背囊에 먹을 것을 잔뜩 넣고서 등산을 하였다.

| 背 | 囊 | 背 | 囊 | | | | | | |

白狗 백구

白 흰 백 + 狗 개 구 = 白狗

빛깔이 흰[白] 개[狗]가 白狗이다.

빛깔이 흰 강아지.

❀ 다음 빈칸에 한자어의 독음을 쓰고, 한자어를 예쁘게 써 보세요.

| 白狗 | | / | 白 | | + | 狗 | |

白狗가 멍멍거리는 것을 보니 밖에 누가 온 모양이다.

| 白 | 狗 | 白 | 狗 | | | | | | |

1. 다음 □□안에 알맞은 한자어를 <보기>에서 찾아 써 보세요.

보기

目標 媽媽 大臣 同生 白狗 文魚 大王 未安 魔術 背囊

큰 대 하 고	신 하 신 은	옛 날 장 관		이 고
큰 대 하 여	임 금 왕 은	선 왕 높 임		이 며
한 가 지 동	날 생 이 니	나 이 적 은		이 고
어 미 마 에	어 미 마 면	여 성 존 대		이 며
마 귀 마 에	꾀 술 하 면	속 임 수 니		이 고
눈 목 에 다	우 듬 지 표	어 떤 목 적		이 며
글 월 문 에	고 기 어 는	연 체 동 물		이 고
아 닐 미 에	편 안 할 안	편 치 못 한		이 며
등 배 에 다	주 머 니 낭	등 에 가 방		이 고
빛 깔 이 흰	강 아 지 라	흰 백 개 구		이 다

2. 다음 한자어의 뜻을 써 보세요.

① 大臣

② 大王

③ 同生

④ 媽媽

⑤ 魔術

⑥ 目標

⑦ 文魚

⑧ 未安

⑨ 背囊

⑩ 白狗

3. 다음 한자어의 독음을 쓰고, 예쁘게 한자로 써 보세요.

①	大臣		大	臣	大	臣		
②	大王		大	王	大	王		
③	同生		同	生	同	生		
④	媽媽		媽	媽	媽	媽		
⑤	魔術		魔	術	魔	術		
⑥	目標		目	標	目	標		
⑦	文魚		文	魚	文	魚		
⑧	未安		未	安	未	安		
⑨	背囊		背	囊	背	囊		
⑩	白狗		白	狗	白	狗		

4. 다음 한자어에 독음과 알맞은 뜻을 바르게 연결하세요.

① 白狗 • • 미안 • 빛깔이 흰 강아지.

② 未安 • • 백구 • 남에게 대하여 마음이 편치 못하고 부끄러움.

③ 大臣 • • 대신 • 어떤 목적을 이루려고 지향하는 실제적 대상으로 삼음.

④ 同生 • • 목표 • 군주 국가에서 '장관'을 이르는 말.

⑤ 目標 • • 동생 • 같은 부모에게서 태어난 자식 가운데 나이가 적은 사람.

封紙 * 部分 * 付託 * 分量 * 蔘鷄湯
書房 * 先生 * 歲拜 * 世上 * 少年

📍 한글로 된 가사를 노래로 부르면 한자어의 뜻이 쉽게 이해돼요.

봉 할 봉 에	종 이 지 는	물 건 넣 는	봉 지 이 고
거 느 릴 부	나 눌 분 은	나 눈 하 나	부 분 이 며
줄 부 하 여	부 탁 할 탁	일 을 청 해	부 탁 이 고
나 눌 분 에	헤 아 릴 량	나 눈 정 도	분 량 이 며
인 삼 삼 에	닭 계 하 여	끓일 탕 이	삼 계 탕 과
남 편 호 칭	낮 잡 아 서	글 서 방 방	서 방 이 고
먼 저 선 에	날 생 하 면	가 르 치 는	선 생 이 며
새 해 첫 날	어 른 께 절	해 세 절 배	세 배 이 고
세 상 세 에	위 상 이 면	모 든 사 회	세 상 이 며
적 을 소 에	나 이 년 은	어 린 사 내	소 년 이 다

📍 이제는 한자로 쓰인 한자어 가사도 쉽게 읽을 수 있어요~~^ ^

封 할 封 에	종 이 紙 는	物 件 넣 는	封 紙 이 고
거 느 릴 部	나 눌 分 은	나 눈 하 나	部 分 이 며
줄 付 하 여	付 託 할 託	일 을 請 해	付 託 이 고
나 눌 分 에	헤 아 릴 量	나 눈 程 度	分 量 이 며
人 蔘 蔘 에	닭 鷄 하 여	끓일 湯 이	蔘 鷄 湯 과
男 便 呼 稱	낮 잡 아 서	글 書 房 房	書 房 이 고
먼 저 先 에	날 生 하 면	가 르 치 는	先 生 이 며
새 해 첫 날	어 른 께 절	해 歲 절 拜	歲 拜 이 고
世 上 世 에	위 上 이 면	모 든 社 會	世 上 이 며
적 을 少 에	나 이 年 은	어 린 사 내	少 年 이 다

封 紙　봉지

封 봉할 봉 ＋ 紙 종이 지 ＝ 封紙

종이[紙]를 봉하게[封] 만든 것이 封紙이다.

종이나 비닐 따위로 물건을 넣을 수 있게 만든 주머니.

❀ 다음 빈칸에 한자어의 독음을 쓰고, 한자어를 예쁘게 써 보세요.

封紙 ⬚ / 封 ⬚ ＋ 紙 ⬚

음식물 쓰레기는 반드시 음식물 封紙에 담아서 버려야 한다.

封	紙	封	紙						

部 分　부분

部 거느릴 부 ＋ 分 나눌 분 ＝ 部分

거느리고[部] 나눈[分] 것이 部分이다.

전체를 이루는 작은 범위.

❀ 다음 빈칸에 한자어의 독음을 쓰고, 한자어를 예쁘게 써 보세요.

部分 ⬚ / 部 ⬚ ＋ 分 ⬚

이 글은 마지막 部分에 요지가 들어있다.

部	分	部	分						

付 託 부탁

付 줄 **부** + 託 부탁할 **탁** = 付託

일을 해달라고[付] 맡기는[託] 것이 付託이다.

어떤 일을 해 달라고 청하거나 맡김.

❀ 다음 빈칸에 한자어의 독음을 쓰고, 한자어를 예쁘게 써 보세요.

付託 [   ] / 付 [   ] + 託 [   ]

부모님께 이번 학비를 付託한다는 편지를 써서 보냈다.

付	託	付	託						

分 量 분량

分 나눌 **분** + 量 헤아릴 **량** = 分量

나누어[分] 놓은 양[量]이 分量이다.

수효, 무게 따위의 많고 적음이나 부피의 크고 작은 정도.

❀ 다음 빈칸에 한자어의 독음을 쓰고, 한자어를 예쁘게 써 보세요.

分量 [   ] / 分 [   ] + 量 [   ]

이삿짐을 풀어헤쳐놓고 보니 대형 트럭 두 대 分量이나 되었다.

分	量	分	量						

蔘鷄湯 삼계탕

蔘 인삼 삼 + 鷄 닭 계 + 湯 끓일 탕 = 삼계탕

인삼[蔘]과 닭[鷄]을 함께 끓이면[湯] 蔘鷄湯이다.

어린 햇닭을 인삼, 대추, 찹쌀 따위를 넣어서 고아 만드는 보양 음식.

❀ 다음 빈칸에 한자어의 독음을 쓰고, 한자어를 예쁘게 써 보세요.

蔘鷄湯 [   ] / 蔘 [   ] + 鷄 [   ] + 湯 [   ]

독음연습 복날 음식으로는 蔘鷄湯이 최고다.

蔘	鷄	湯	蔘	鷄	湯			

書房 서방

書 글 서 + 房 방 방 = 書房

글[書]을 읽는 방[房]에 있으니 書房이다.

남편을 낮잡아 이르는 말.

❀ 다음 빈칸에 한자어의 독음을 쓰고, 한자어를 예쁘게 써 보세요.

書房 [   ] / 書 [   ] + 房 [   ]

독음연습 이 書房은 장모님의 사랑을 독차지 하였다.

書	房	書	房					

先 生　선생

先　먼저　선　+　生　날　생　=　先生

먼저[先] 태어나[生] 가르치는 사람이 先生이다.

학생을 가르치는 사람.

❀ 다음 빈칸에 한자어의 독음을 쓰고, 한자어를 예쁘게 써 보세요.

先生 　　　　/　先 　　　　+　生

나의 꿈은 초등학교 先生이 되는 것이다.

先	生	先	生						

歲 拜　세배

歲　해　세　+　拜　절　배　=　歲拜

새 해[歲] 첫 날 드리는 절[拜]이 歲拜이다.

섣달그믐이나 정초에 웃어른께 인사로 하는 절.

❀ 다음 빈칸에 한자어의 독음을 쓰고, 한자어를 예쁘게 써 보세요.

歲拜 　　　　/　歲 　　　　+　拜

설날 아침 일찍 일어나 부모님께 歲拜를 드렸다.

歲	拜	歲	拜						

世 上　세상

世 세상 세 ＋ 上 위 상 ＝ 世上

세상[世]의 위[上]가 世上이다.

사람이 살고 있는 모든 사회를 통틀어 이르는 말.

❀ 다음 빈칸에 한자어의 독음을 쓰고, 한자어를 예쁘게 써 보세요.

世上 　　　/ 世 　　　＋ 上 　　　

나는 世上에서 공부가 제일 쉬웠다.

世	上	世	上						

少 年　소년

少 적을 소 ＋ 年 나이 년 ＝ 少年

적은[少] 나이[年]의 사내가 少年이다.

아직 완전히 성숙하지 아니한 어린 사내아이.

❀ 다음 빈칸에 한자어의 독음을 쓰고, 한자어를 예쁘게 써 보세요.

少年 　　　/ 少 　　　＋ 年 　　　

少年은 늙기 쉽고 학문은 이루기가 어렵다.

少	年	少	年					

1. 다음 □□안에 알맞은 한자어를 <보기>에서 찾아 써 보세요.

보기   書房 封紙 歲拜 部分 先生 付託 少年 分量 蔘鷄湯 世上

봉할 봉 에	종 이 지 는	물 건 넣 는		이 고
거 느 릴 부	나 눌 분 은	나 눈 하 나		이 며
줄 부 하 여	부 탁 할 탁	일 을 청 해		이 고
나 눌 분 에	헤 아 릴 량	나 눈 정 도		이 며
인 삼 삼 에	닭 계 하 여	끓 일 탕 이		과
남 편 호 칭	낮 잡 아 서	글 서 방 방		이 고
먼 저 선 에	날 생 하 면	가 르 치 는		이 며
새 해 첫 날	어 른 께 절	해 세 절 배		이 고
세 상 세 에	위 상 이 면	모 든 사 회		이 며
적 을 소 에	나 이 년 은	어 린 사 내		이 다

2. 다음 한자어의 뜻을 써 보세요.

① 封紙

② 部分

③ 付託

④ 分量

⑤ 蔘鷄湯

⑥ 書房

⑦ 先生

⑧ 歲拜

⑨ 世上

⑩ 少年

3. 다음 한자어의 독음을 쓰고, 예쁘게 한자로 써 보세요.

①	封紙		封	紙	封	紙			
②	部分		部	分	部	分			
③	付託		付	託	付	託			
④	分量		分	量	分	量			
⑤	蔘鷄湯		蔘	鷄	湯	蔘	鷄	湯	
⑥	書房		書	房	書	房			
⑦	先生		先	生	先	生			
⑧	歲拜		歲	拜	歲	拜			
⑨	世上		世	上	世	上			
⑩	少年		少	年	少	年			

4. 다음 한자어에 독음과 알맞은 뜻을 바르게 연결하세요.

① 少年 • • 부탁 • • 아직 완전히 성숙하지 아니한 어린 사내아이.

② 歲拜 • • 부분 • • 섣달그믐이나 정초에 웃어른께 인사로 하는 절.

③ 先生 • • 소년 • • 학생을 가르치는 사람.

④ 付託 • • 세배 • • 어떤 일을 해 달라고 청하거나 맡김.

⑤ 部分 • • 선생 • • 전체를 이루는 작은 범위.

鬚髥 * 順序 * 時刻 * 臣下 * 研究
熱心 * 豫測 * 王子 * 料理 * 龍宮

한글로 된 가사를 노래로 부르면 한자어의 뜻이 쉽게 이해돼요.

수염수에	턱수염염	입주변털	수염이고
순할순에	차례서는	선후나열	순서이며
때시마다	새길각은	시간새겨	시각이고
신하신에	아래하는	임금섬김	신하이며
갈연하여	궁구할구	진리따져	연구이고
더울열에	마음심은	온맘쏟는	열심이며
미리예에	헤아릴측	미리추측	예측이고
임금왕에	아들자니	임금아들	왕자이며
헤아릴요	다스릴리	음식만듦	요리이고
전설에서	용왕궁전	용용집궁	용궁이다

이제는 한자로 쓰인 한자어 가사도 쉽게 읽을 수 있어요~~^^

鬚髥鬚에	턱鬚髥髥	입周邊털	鬚髥이고
順할順에	次例序는	先後羅列	順序이며
때時마다	새길刻은	時間새겨	時刻이고
臣下臣에	아래下는	임금섬김	臣下이며
갈研하여	窮究할究	眞理따져	研究이고
더울熱에	마음心은	온맘쏟는	熱心이며
미리豫에	헤아릴測	미리推測	豫測이고
임금王에	아들子니	임금아들	王子이며
헤아릴料	다스릴理	飮食만듦	料理이고
傳說에서	龍王宮殿	龍龍집宮	龍宮이다

鬚髥　수염

鬚 수염　수　+　髥 턱수염　염　=　鬚髥

수염[鬚]과 턱수염[髥]이 鬚髥이다.

성숙한 남자의 입 주변이나 턱 또는 뺨에 나는 털.

❀ 다음 빈칸에 한자어의 독음을 쓰고, 한자어를 예쁘게 써 보세요.

鬚髥 [　] / 鬚 [　] + 髥 [　]

우리 삼촌 鬚髥은 꼭 임꺽정이 처럼 항상 덥수룩하다.

鬚	髥	鬚	髥						

順序　순서

順 순할　순　+　序 차례　서　=　順序

순서[順]와 차례[序]가 順序이다.

정하여진 기준에서 말하는 전후, 좌우, 상하 따위의 차례 관계.

❀ 다음 빈칸에 한자어의 독음을 쓰고, 한자어를 예쁘게 써 보세요.

順序 [　] / 順 [　] + 序 [　]

다음이 내가 웅변할 順序이다.

順	序	順	序						

時 刻 시각

| 時 | 때 **시** | + | 刻 | 새길 **각** | = | 時刻 |

때[時]를 새겨놓은[刻] 것이 時刻이다.

시간의 어느 한 시점.

❀ 다음 빈칸에 한자어의 독음을 쓰고, 한자어를 예쁘게 써 보세요.

| 時刻 | | / | 時 | | + | 刻 | |

약속 時刻에 맞추어 모임 장소에 나갈려고 준비를 했다.

| 時 | 刻 | 時 | 刻 | | | | | | |

臣 下 신하

| 臣 | 신하 **신** | + | 下 | 아래 **하** | = | 臣下 |

신하[臣]의 아래[下]가 臣下이다.

임금을 섬기어 벼슬하는 사람.

❀ 다음 빈칸에 한자어의 독음을 쓰고, 한자어를 예쁘게 써 보세요.

| 臣下 | | / | 臣 | | + | 下 | |

왕의 뜻을 잘 받드는 것이 臣下의 도리이다.

| 臣 | 下 | 臣 | 下 | | | | | | |

研 究 연구

研 갈 연 + 究 궁구할 구 = 研究

갈고[研] 궁구하는[究] 것이 研究이다.

어떤 일이나 사물에 대하여 조사하고 생각하여 진리를 알아냄.

❀ 다음 빈칸에 한자어의 독음을 쓰고, 한자어를 예쁘게 써 보세요.

研究 [　] / 研 [　] + 究 [　]

삼촌은 삼일 째 집에도 오지 않고 研究를 계속하고 있다.

研	究	研	究					

熱 心 열심

熱 더울 열 + 心 마음 심 = 熱心

더운[熱] 마음[心]으로 하는 것이 熱心이다.

어떤 일에 온 정성을 다하여 골똘하게 힘씀.

❀ 다음 빈칸에 한자어의 독음을 쓰고, 한자어를 예쁘게 써 보세요.

熱心 [　] / 熱 [　] + 心 [　]

형은 중학생이 되자 더욱 熱心히 공부하는 것 같다.

熱	心	熱	心					

豫 測　예측

豫 미리 **예** + 測 헤아릴 **측** = 豫測

미리[豫] 헤아려[測] 보는 것이 豫測이다.

미리 헤아려 짐작함.

❀ 다음 빈칸에 한자어의 독음을 쓰고, 한자어를 예쁘게 써 보세요.

豫測 [　] / 豫 [　] + 測 [　]

이번 경기 결과는 완전히 내 豫測이 들어 맞았다.

豫	測	豫	測					

王 子　왕자

王 임금 **왕** + 子 아들 **자** = 王子

임금[王]의 아들[子]이 王子이다.

임금의 아들.

❀ 다음 빈칸에 한자어의 독음을 쓰고, 한자어를 예쁘게 써 보세요.

王子 [　] / 王 [　] + 子 [　]

어제 낙랑공주와 호동 王子 이야기책을 다 읽었다.

王	子	王	子					

料 理 요리

料 헤아릴 요 + 理 다스릴 리 = 料理

재료[料]를 다스려[理] 만든 음식이 料理이다.

여러 조리 과정을 거쳐 음식을 만듦.

❀ 다음 빈칸에 한자어의 독음을 쓰고, 한자어를 예쁘게 써 보세요.

| 料理 | | / | 料 | | + | 理 | |

독음연습 오늘의 특별한 料理는 무엇일까 궁금하다.

| 料 | 理 | 料 | 理 | | | | | | |

龍 宮 용궁

龍 용 용 + 宮 집 궁 = 龍宮

용왕[龍]의 궁전[宮]이 龍宮이다.

전설에서, 바다 속에 있다고 하는 용왕의 궁전.

❀ 다음 빈칸에 한자어의 독음을 쓰고, 한자어를 예쁘게 써 보세요.

| 龍宮 | | / | 龍 | | + | 宮 | |

독음연습 이 바다 속에는 정말 龍宮이 있을까?

| 龍 | 宮 | 龍 | 宮 | | | | | | |

▶▶▶

1. 다음 □□안에 알맞은 한자어를 <보기>에서 찾아 써 보세요.

보기	熱心 臣下 豫測 鬚髥 時刻 料理 研究 王子 順序 龍宮

수 염 수 에	턱 수 염 염	입 주 변 털		이 고
순 할 순 에	차 례 서 는	선 후 나 열		이 며
때 시 마 다	새 길 각 은	시 간 새 겨		이 고
신 하 신 에	아 래 하 는	임 금 섬 김		이 며
갈 연 하 여	궁 구 할 구	진 리 따 져		이 고
더 울 열 에	마 음 심 은	온 맘 쏟 는		이 며
미 리 예 에	헤 아 릴 측	미 리 추 측		이 고
임 금 왕 에	아 들 자 니	임 금 아 들		이 며
헤 아 릴 요	다 스 릴 리	음 식 만 듦		이 고
전 설 에 서	용 왕 궁 전	용 용 집 궁		이 다

2. 다음 한자어의 뜻을 써 보세요.

① 鬚髥   ⑥ 熱心

② 順序   ⑦ 豫測

③ 時刻   ⑧ 王子

④ 臣下   ⑨ 料理

⑤ 研究   ⑩ 龍宮

다시 한번 해 봐요 02

3. 다음 한자어의 독음을 쓰고, 예쁘게 한자로 써 보세요.

	한자어	독음	쓰기					
①	鬚髥		鬚	髥	鬚	髥		
②	順序		順	序	順	序		
③	時刻		時	刻	時	刻		
④	臣下		臣	下	臣	下		
⑤	硏究		硏	究	硏	究		
⑥	熱心		熱	心	熱	心		
⑦	豫測		豫	測	豫	測		
⑧	王子		王	子	王	子		
⑨	料理		料	理	料	理		
⑩	龍宮		龍	宮	龍	宮		

4. 다음 한자어에 독음과 알맞은 뜻을 바르게 연결하세요.

① 熱心 • • 요리 • • 전설에서, 바다 속에 있다고 하는 용왕의 궁전.

② 時刻 • • 예측 • • 여러 조리 과정을 거쳐 음식을 만듦.

③ 龍宮 • • 열심 • • 미리 헤아려 짐작함.

④ 料理 • • 시각 • • 어떤 일에 온 정성을 다하여 골똘하게 힘씀.

⑤ 豫測 • • 용궁 • • 시간의 어느 한 시점.

龍王 * 雨傘 * 陸地 * 醫員 * 異常
印象的 * 場面 * 適用 * 點字 * 整理

📍 한글로 된 가사를 노래로 부르면 한자어의 뜻이 쉽게 이해돼요.

용 용 하 여	임 금 왕 은	용 중 의 왕	용 왕 이 고
비 우 하 고	우 산 산 은	비 를 막 는	우 산 이 며
대 륙 연 결	섬 의 상 대	뭍 육 땅 지	육 지 이 고
의 원 의 에	사 람 원 은	병 고 치 는	의 원 이 며
다 를 이 에	항 상 상 은	상 태 다 름	이 상 이 고
도 장 인 에	코 끼 리 상	과 녁 적 의	인 상 적 과
마 당 장 에	낯 면 자 는	사 건 광 경	장 면 이 고
맞 을 적 에	쓸 용 하 면	맞 추 어 씀	적 용 이 며
점 점 하 여	글 자 자 는	시 각 장 애	점 자 이 고
가 지 런 정	다 스 릴 리	질 서 상 태	정 리 이 다

📍 이제는 한자로 쓰인 한자어 가사도 쉽게 읽을 수 있어요~~^^

龍 龍 하 여	임 금 王 은	龍 中 의 王	龍 王 이 고
비 雨 하 고	雨 傘 傘 은	비 를 막 는	雨 傘 이 며
大 陸 連 結	섬 의 相 對	뭍 陸 땅 地	陸 地 이 고
醫 員 醫 에	사 람 員 은	病 고 치 는	醫 員 이 며
다 를 異 에	恒 常 常 은	狀 態 다 름	異 常 이 고
圖 章 印 에	코 끼 리 象	과 녁 的 의	印 象 的 과
마 당 場 에	낯 面 자 는	事 件 光 景	場 面 이 고
맞 을 適 에	쓸 用 하 면	맞 추 어 씀	適 用 이 며
點 點 하 여	글 자 字 는	視 覺 障 碍	點 字 이 고
가 지 런 整	다 스 릴 理	秩 序 狀 態	整 理 이 다

龍 王 용왕

龍 용 용 + 王 임금 왕 = 龍王

용[龍] 중의 왕[王]이 龍王이다.

바다에 살며 비와 물을 맡고 불법을 수호하는 용 가운데의 임금.

❀ 다음 빈칸에 한자어의 독음을 쓰고, 한자어를 예쁘게 써 보세요.

龍王 [ ] / 龍 [ ] + 王 [ ]

용궁의 龍王이 심청이를 연꽃에 실어서 물 위로 올려 보냈다.

龍	王	龍	王				

雨 傘 우산

雨 비 우 + 傘 우산 산 = 雨傘

비[雨]가 올 때 쓰는[傘] 것이 雨傘이다.

우비의 하나. 펴고 접을 수 있어 손에 들고 머리 위를 가린다.

❀ 다음 빈칸에 한자어의 독음을 쓰고, 한자어를 예쁘게 써 보세요.

雨傘 [ ] / 雨 [ ] + 傘 [ ]

미리 雨傘을 준비하지 않아 소낙비를 흠뻑 맞았다.

雨	傘	雨	傘				

陸 地　육지

陸 뭍 육 ＋ 地 땅 지 ＝ 陸地

암기비법 대륙[陸]과 이어진 땅[地]이 陸地이다.

사전풀이 섬에 상대하여, 대륙과 연결되어 있는 땅을 이르는 말.

❀ 다음 빈칸에 한자어의 독음을 쓰고, 한자어를 예쁘게 써 보세요.

陸地 [ ] / 陸 [ ] ＋ 地 [ ]

독음연습 명량 해협은 진도와 해남 두 陸地 사이에 있는 매우 좁은 해협이다.

陸	地	陸	地					

醫 員　의원

醫 의원 의 ＋ 員 사람 원 ＝ 醫員

암기비법 의원[醫]인 사람[員]이 醫員이다.

사전풀이 의사와 의생(醫生)을 통틀어 이르는 말.

❀ 다음 빈칸에 한자어의 독음을 쓰고, 한자어를 예쁘게 써 보세요.

醫員 [ ] / 醫 [ ] ＋ 員 [ ]

독음연습 그가 醫員을 데리고 왔을 때는 한낮이 훨씬 기울어 있었다.

醫	員	醫	員					

異 常 이상

異 다를 이 + 常 항상 상 = 異常

항상[常]이 아닌 다름[異]이 異常이다.

정상적인 상태와 다름.

❀ 다음 빈칸에 한자어의 독음을 쓰고, 한자어를 예쁘게 써 보세요.

| 異常 | | / | 異 | | + | 常 | |

그는 몸에 異常을 느끼고 병원을 찾았다.

異	常	異	常					

印 象 的 인상적

印 도장 인 + 象 코끼리 상 + 的 과녁 적 = 印象的

도장[印]처럼 형상[象]의 남는 것[的]이 印象的이다.

인상이 강하게 남는. 또는 그런 것.

❀ 다음 빈칸에 한자어의 독음을 쓰고, 한자어를 예쁘게 써 보세요.

| 印象的 | | / | 印 | | + | 象 | | + | 的 | |

그 학교의 우뚝 솟은 교문이 印象的이었다.

印	象	的	印	象	的			

場 面　장면

| 場 | 마당　장 | + | 面 | 낯　면 | = | 場面 |

마당[場]에서 드러난 면[面]이 場面이다.

어떤 장소에서 겉으로 드러난 면이나 벌어진 광경.

❀ 다음 빈칸에 한자어의 독음을 쓰고, 한자어를 예쁘게 써 보세요.

| 場面 | | / | 場 | | + | 面 | |

바로 이 場面이 너무나 인상적이었다.

| 場 | 面 | 場 | 面 | | | | | | |

適 用　적용

| 適 | 맞을　적 | + | 用 | 쓸　용 | = | 適用 |

알맞게[適] 쓰는[用] 것이 適用이다.

알맞게 이용하거나 맞추어 씀.

❀ 다음 빈칸에 한자어의 독음을 쓰고, 한자어를 예쁘게 써 보세요.

| 適用 | | / | 適 | | + | 用 | |

체질이 다른 사람에게 같은 처방을 適用할 수 없다.

| 適 | 用 | 適 | 用 | | | | | | |

點 字　점자

| 點 | 점 점 | + | 字 | 글자 자 | = | 點字 |

(암기비법) 점[點]으로 만든 문자[字]가 點字이다.

(개념풀이) 손가락으로 더듬어 읽도록 만든 시각 장애인용 문자.

❀ 다음 빈칸에 한자어의 독음을 쓰고, 한자어를 예쁘게 써 보세요.

| 點字 | | / | 點 | | + | 字 | |

(독음연습) 點字를 해독하는 방법을 공부하였다.

點	字	點	字						

整 理　정리

| 整 | 가지런할 정 | + | 理 | 다스릴 리 | = | 整理 |

(암기비법) 가지런하게[整] 다스리는[理] 것이 整理이다.

(개념풀이) 흐트러진 것을 가지런히 바로잡음.

❀ 다음 빈칸에 한자어의 독음을 쓰고, 한자어를 예쁘게 써 보세요.

| 整理 | | / | 整 | | + | 理 | |

(독음연습) 항상 책상은 整理를 잘해 두어야 한다.

整	理	整	理						

다시 한번 해 봐요 01

1. 다음 ☐☐안에 알맞은 한자어를 <보기>에서 찾아 써 보세요.

보기	場面 龍王 整理 陸地 雨傘 適用 醫員 異常 印象的 點字

용 용 하 여	임 금 왕 은	용 중 의 왕		이 고
비 우 하 고	우 산 산 은	비 를 막 는		이 며
대 륙 연 결	섬 의 상 대	뭍 육 땅 지		이 고
의 원 의 에	사 람 원 은	병 고 치 는		이 며
다 를 이 에	항 상 상 은	상 태 다 름		이 고
도 장 인 에	코 끼 리 상	과 녁 적 의		과
마 당 장 에	낮 면 자 는	사 건 광 경		이 고
맞 을 적 에	쓸 용 하 면	맞 추 어 씀		이 며
점 점 하 여	글 자 자 는	시 각 장 애		이 고
가 지 런 정	이 치 리 는	질 서 상 태		이 다

2. 다음 한자어의 뜻을 써 보세요.

① 龍王 ☐☐☐☐☐☐   ⑥ 印象的 ☐☐☐☐☐☐

② 雨傘 ☐☐☐☐☐☐   ⑦ 場面 ☐☐☐☐☐☐

③ 陸地 ☐☐☐☐☐☐   ⑧ 適用 ☐☐☐☐☐☐

④ 醫員 ☐☐☐☐☐☐   ⑨ 點字 ☐☐☐☐☐☐

⑤ 異常 ☐☐☐☐☐☐   ⑩ 整理 ☐☐☐☐☐☐

3. 다음 한자어의 독음을 쓰고, 예쁘게 한자로 써 보세요.

① 龍王 | | 龍 | 王 | 龍 | 王 | | |
② 雨傘 | | 雨 | 傘 | 雨 | 傘 | | |
③ 陸地 | | 陸 | 地 | 陸 | 地 | | |
④ 醫員 | | 醫 | 員 | 醫 | 員 | | |
⑤ 異常 | | 異 | 常 | 異 | 常 | | |
⑥ 印象的 | | 印 | 象 | 的 | 印 | 象 | 的 |
⑦ 場面 | | 場 | 面 | 場 | 面 | | |
⑧ 適用 | | 適 | 用 | 適 | 用 | | |
⑨ 點字 | | 點 | 字 | 點 | 字 | | |
⑩ 整理 | | 整 | 理 | 整 | 理 | | |

4. 다음 한자어에 독음과 알맞은 뜻을 바르게 연결하세요.

① 整理 • • 적용 • • 흐트러진 것을 바로잡음.

② 適用 • • 의원 • • 알맞게 이용하거나 맞추어 씀.

③ 醫員 • • 장면 • • 정상적인 상태와 다름.

④ 場面 • • 이상 • • 의사와 의생을 통틀어 이르는 말.

⑤ 異常 • • 정리 • • 어떤 장소에서 겉으로 드러난 면.

題目 * 弟子 * 罪悚 * 朱黃色 * 重要
只今 * 直接 * 質問 * 斟酌 * 次例

한글로 된 가사를 노래로 부르면 한자어의 뜻이 쉽게 이해돼요.

제 목 제 에	눈 목 자 는	대 표 이 름	제 목 이 고
아 우 제 에	아 들 자 는	스 승 문 하	제 자 이 며
허 물 죄 에	두 려 울 송	허 물 황 송	죄 송 이 고
붉 을 주 와	누 를 황 의	빛 색 이 니	주 황 색 과
무 거 울 중	요 긴 할 요	귀 중 요 긴	중 요 이 고
다 만 지 에	이 제 금 은	바 로 이 때	지 금 이 며
곧 을 직 에	이 을 접 은	바 로 연 결	직 접 이 고
바 탕 질 에	물 을 문 은	바 탕 물 음	질 문 이 며
짐 작 할 짐	슬 부 을 작	어 림 생 각	짐 작 이 고
버 금 차 에	법 식 례 는	순 서 구 분	차 례 이 다

이제는 한자로 쓰인 한자어 가사도 쉽게 읽을 수 있어요~~^^

題 目 題 에	눈 目 字 는	代 表 이 름	題 目 이 고
아 우 弟 에	아 들 子 는	스 승 門 下	弟 子 이 며
허 물 罪 에	두 려 울 悚	허 물 惶 悚	罪 悚 이 고
붉 을 朱 와	누 를 黃 의	빛 色 이 니	朱 黃 色 과
무 거 울 重	要 緊 할 要	貴 重 要 緊	重 要 이 고
다 만 只 에	이 제 今 은	바 로 이 때	只 今 이 며
곧 을 直 에	이 을 接 은	바 로 連 結	直 接 이 고
바 탕 質 에	물 을 問 은	바 탕 물 음	質 問 이 며
斟 酌 할 斟	슬 부 을 酌	어 림 생 각	斟 酌 이 고
버 금 次 에	法 式 例 는	順 序 區 分	次 例 이 다

題 目 제목

題 제목 제 + 目 눈 목 = 題目

표제[題]를 눈[目]처럼 붙이는 것이 題目이다.

작품이나 강연 따위에서, 그 내용을 보이기 위하여 붙이는 이름.

❀ 다음 빈칸에 한자어의 독음을 쓰고, 한자어를 예쁘게 써 보세요.

題目 [　] / 題 [　] + 目 [　]

이 영화는 題目만 봐도 재미있을 것 같다.

題	目	題	目					

弟 子 제자

弟 아우 제 + 子 아들 자 = 弟子

나이어린[弟] 사람[子]이니 弟子이다.

스승으로부터 가르침을 받거나 받은 사람.

❀ 다음 빈칸에 한자어의 독음을 쓰고, 한자어를 예쁘게 써 보세요.

弟子 [　] / 弟 [　] + 子 [　]

스승의 가르침을 따르는 것이 弟子의 도리이다.

弟	子	弟	子					

罪悚 죄송

罪 허물 죄 + 悚 두려울 송 = 罪悚

허물[罪]과 두려움[悚]이 罪悚이다.

죄스러울 정도로 황송하다.

❀ 다음 빈칸에 한자어의 독음을 쓰고, 한자어를 예쁘게 써 보세요.

| 罪悚 | | / | 罪 | | + | 悚 | |

이번 학기말 성적이 너무 안 좋게 나와서 부모님께 罪悚했다.

| 罪 | 悚 | 罪 | 悚 | | | | |

朱黃色 주황색

朱 붉을 주 + 黃 누를 황 + 色 빛 색 = 朱黃色

빨강[朱]과 노랑[黃]의 가운데 색[色] 朱黃色이다.

빨강과 노랑의 중간색.

❀ 다음 빈칸에 한자어의 독음을 쓰고, 한자어를 예쁘게 써 보세요.

| 朱黃色 | | / | 朱 | | + | 黃 | | + | 色 | |

푸른색과 朱黃色으로 반쯤 익은 고추밭 풍경이 아름답게 보인다.

| 朱 | 黃 | 色 | 朱 | 黃 | 色 | | | |

重 要 　중요

重 무거울 중 ＋ 要 요긴할 요 ＝ 重要

귀중하고[重] 요긴함[要]이 重要이다.

귀중하고 요긴함.

❀ 다음 빈칸에 한자어의 독음을 쓰고, 한자어를 예쁘게 써 보세요.

重要 ／ 重 ＋ 要

이번 시험은 重要한 시험이니 지금부터 계획을 세워 준비해야 겠다.

重	要	重	要						

只 今 　지금

只 다만 지 ＋ 今 이제 금 ＝ 只今

다만[只] 이때[今]가 只今이다.

말하는 바로 이때.

❀ 다음 빈칸에 한자어의 독음을 쓰고, 한자어를 예쁘게 써 보세요.

只今 ／ 只 ＋ 今

우리 只今부터 한 시간 동안만 놀고 오자.

只	今	只	今						

直 接 직접

直 곧을 직 + 接 이을 접 = 直接

(암기비법) 곧바로[直] 이어지는[接] 관계가 直接이다.

(어휘풀이) 중간에 제삼자나 매개물이 없이 바로 연결되는 관계.

❀ 다음 빈칸에 한자어의 독음을 쓰고, 한자어를 예쁘게 써 보세요.

直接		/	直		+	接	

(독음연습) 네가 선생님께 直接 말씀드리도록 해라.

直	接	直	接						

質 問 질문

質 바탕 질 + 問 물을 문 = 質問

(암기비법) 바탕[質]을 물어보는[問]것이 質問이다.

(어휘풀이) 알고자 하는 바를 얻기 위해 물음.

❀ 다음 빈칸에 한자어의 독음을 쓰고, 한자어를 예쁘게 써 보세요.

質問		/	質		+	問	

(독음연습) 수업시간에는 선생님 말씀을 잘 듣고 반드시 質問을 하여야 한다.

質	問	質	問						

斟酌 짐작

斟 짐작할 짐 + 酌 따를 작 = 斟酌

어림잡아[斟] 술따르는[酌] 것이 斟酌이다.

사정이나 형편 따위를 어림잡아 헤아림.

❀ 다음 빈칸에 한자어의 독음을 쓰고, 한자어를 예쁘게 써 보세요.

| 斟酌 | | / | 斟 | | + | 酌 | |

독음
연습 어머니께서 왜 화를 내시는지 전혀 斟酌이 가지 않는다.

| 斟 | 酌 | 斟 | 酌 | | | | | | |

次例 차례

次 버금 차 + 例 법식 례 = 次例

버금[次]하는 법식[例] 관계가 次例이다.

순서 있게 구분하여 벌여 나가는 관계.

❀ 다음 빈칸에 한자어의 독음을 쓰고, 한자어를 예쁘게 써 보세요.

| 次例 | | / | 次 | | + | 例 | |

독음
연습 次例를 지키는 것은 불편이 아니라 편리함 입니다.

| 次 | 例 | 次 | 例 | | | | | | |

▶▶▶

1. 다음 ☐☐안에 알맞은 한자어를 <보기>에서 찾아 써 보세요.

보기	重要 題目 次例 罪悚 只今 弟子 質問 朱黃色 斟酌 直接

제 목 제 에	눈 목 자 는	대 표 이 름		이 고
아 우 제 에	아 들 자 는	스 승 문 하		이 며
허 물 죄 에	두 려 울 송	허 물 황 송		이 고
붉 을 주 와	누 를 황 의	빛 색 이 니		과
무 거 울 중	요 긴 할 요	귀 중 요 긴		이 고
다 만 지 에	이 제 금 은	바 로 이 때		이 며
곧 을 직 에	이 을 접 은	바 로 연 결		이 고
바 탕 질 에	물 을 문 은	바 탕 물 음		이 며
짐 작 할 짐	술 부 을 작	어 림 생 각		이 고
버 금 차 에	법 식 례 는	순 서 구 분		이 다

2. 다음 한자어의 뜻을 써 보세요.

① 題目

② 弟子

③ 罪悚

④ 朱黃色

⑤ 重要

⑥ 只今

⑦ 直接

⑧ 質問

⑨ 斟酌

⑩ 次例

3. 다음 한자어의 독음을 쓰고, 예쁘게 한자로 써 보세요.

①	題目		題	目	題	目	
②	弟子		弟	子	弟	子	
③	罪悚		罪	悚	罪	悚	
④	朱黃色		朱	黃	色	朱	黃	色
⑤	重要		重	要	重	要	
⑥	只今		只	今	只	今	
⑦	直接		直	接	直	接	
⑧	質問		質	問	質	問	
⑨	斟酌		斟	酌	斟	酌	
⑩	次例		次	例	次	例	

4. 다음 한자어에 독음과 알맞은 뜻을 바르게 연결하세요.

① 只今 • • 질문 • • 순서 있게 구분하여 벌여 나가는 관계.

② 質問 • • 지금 • • 사정이나 형편 따위를 어림잡아 헤아림.

③ 斟酌 • • 차례 • • 알고자 하는 바를 얻기 위해 물음.

④ 重要 • • 중요 • • 말하는 바로 이때.

⑤ 次例 • • 짐작 • • 귀중하고 요긴함.

次時 * 漆板 * 表現 * 必要 * 學級
獬豸 * 行動 * 兄弟 * 花盆 * 皇帝

📍 한글로 된 가사를 노래로 부르면 한자어의 뜻이 쉽게 이해돼요.

버	금	차	에	때	시	하	면	반	복	시	간	차	시	이	고
옻	칠	할	칠	널	빤	지	판	글	쓰	는	판	칠	판	이	며
겉	표	에	다	나	타	날	현	속	나	타	낸	표	현	이	고
반	드	시	필	요	긴	할	요	꼭	소	용	된	필	요	이	며
배	울	학	에	등	급	급	은	교	실	단	위	학	급	이	고
해	태	해	와	해	태	치	는	상	상	동	물	해	치	이	며
행	할	행	에	움	직	일	동	몸	움	직	임	행	동	이	고
맏	형	하	고	아	우	제	는	형	과	아	우	형	제	이	며
꽃	화	하	고	동	이	분	은	꽃	의	그	릇	화	분	이	고
임	금	황	에	임	금	제	는	왕	위	의	왕	황	제	이	다

📍 이제는 한자로 쓰인 한자어 가사도 쉽게 읽을 수 있어요~~^ ^

버	금	次	에	때	時	하	면	反	復	時	間	次	時	이	고
옻	漆	할	漆	널	빤	지	板	글	쓰	는	板	漆	板	이	며
겉	表	에	다	나	타	날	現	속	나	타	낸	表	現	이	고
반	드	시	必	要	緊	할	要	꼭	所	用	된	必	要	이	며
배	울	學	에	等	級	級	은	敎	室	單	位	學	級	이	고
獬	태	獬	와	獬	태	豸	는	想	像	動	物	獬	豸	이	며
行	할	行	에	움	직	일	動	몸	움	직	임	行	動	이	고
맏	兄	하	고	아	우	弟	는	兄	과	아	우	兄	弟	이	며
꽃	花	하	고	동	이	盆	은	꽃	의	그	릇	花	盆	이	고
임	금	皇	에	임	금	帝	는	王	위	의	王	皇	帝	이	다

次 時 차시

次 버금 **차** + 時 때 **시** = 次時

버금[次]의 때[時]가 次時이다.

한 단원의 내용을 여러 차시로 나누는 것.

✿ 다음 빈칸에 한자어의 독음을 쓰고, 한자어를 예쁘게 써 보세요.

次時 [　] / 次 [　] + 時 [　]

수학 3次時 학습은 분수에 대해 공부를 할 것입니다.

次	時	次	時						

漆 板 칠판

漆 옻칠할 **칠** + 板 널빤지 **판** = 漆板

옻칠[漆]해 놓은 널빤지[板]가 漆板이다.

검정이나 초록색 따위로 칠해서 그 위에 분필로 글씨를 쓰게 만든 판.

✿ 다음 빈칸에 한자어의 독음을 쓰고, 한자어를 예쁘게 써 보세요.

漆板 [　] / 漆 [　] + 板 [　]

눈이 나빠서 漆板 글씨가 잘 보이지 않는다.

漆	板	漆	板						

表 現　　표현

表 겉 **표** + 現 나타날 **현** = 表現

겉[表]으로 나타내는[現] 것이 表現이다.

생각이나 느낌 따위를 언어나 몸짓 따위의 형상으로 드러내어 나타냄.

❀ 다음 빈칸에 한자어의 독음을 쓰고, 한자어를 예쁘게 써 보세요.

表現 [　] / 表 [　] + 現 [　]

부모님께 감사의 表現을 자주 하세요.

表	現	表	現						

必 要　　필요

必 반드시 **필** + 要 요긴할 **요** = 必要

반드시[必] 요긴한[要] 것이 必要이다.

반드시 요구되는 바가 있음.

❀ 다음 빈칸에 한자어의 독음을 쓰고, 한자어를 예쁘게 써 보세요.

必要 [　] / 必 [　] + 要 [　]

나는 必要한 물건의 목록을 적어서 문구점으로 향했다.

必	要	必	要						

學 級 학급

學 배울 학 + 級 등급 급 = 學級

배우는[學] 단위의 등급[級]이 學級이다.

한 교실에서 공부하는 학생의 단위 집단.

❀ 다음 빈칸에 한자어의 독음을 쓰고, 한자어를 예쁘게 써 보세요.

學級 [　] / 學 [　] + 級 [　]

독음연습 우리 학교는 한 학년에 네 개 學級이 있다.

學	級	學	級					

獬 豸 해치

獬 해태 해 + 豸 해태 치 = 獬豸

해태[獬]와 해태[豸]는 상상의 동물 獬豸이다.

'해태(시비와 선악을 판단하여 안다고 하는 상상의 동물)'의 원말.

❀ 다음 빈칸에 한자어의 독음을 쓰고, 한자어를 예쁘게 써 보세요.

獬豸 [　] / 獬 [　] + 豸 [　]

독음연습 獬豸는 사자와 비슷하나 머리에 뿔이 있다고 한다.

獬	豸	獬	豸					

行 動 　행동

行 　행할 　행 　+ 　動 　움직일 　동 　= 　行動

행하고[行] 움직이는[動] 것이 行動이다.

몸을 움직여 동작을 하거나 어떤 일을 함.

❀ 다음 빈칸에 한자어의 독음을 쓰고, 한자어를 예쁘게 써 보세요.

行動 [　　] 　/ 　行 [　　] 　+ 　動 [　　]

그는 行動이 바르다고 주변 어른들에게 칭찬을 받는다.

行	動	行	動					

兄 弟 　형제

兄 　맏 　형 　+ 　弟 　아우 　제 　= 　兄弟

형[兄]과 아우[弟]이니 兄弟이다.

형과 아우를 아울러 이르는 말.

❀ 다음 빈칸에 한자어의 독음을 쓰고, 한자어를 예쁘게 써 보세요.

兄弟 [　　] 　/ 　兄 [　　] 　+ 　弟 [　　]

어머니께서는 우리 세 兄弟에게 큰 기대를 걸고 계신다.

兄	弟	兄	弟					

花 盆　화분

花 꽃 **화** ＋ 盆 동이 **분** ＝ 花盆

꽃[花]을 심는 동이[盆]가 花盆이다.

꽃을 심어 가꾸는 그릇.

❀ 다음 빈칸에 한자어의 독음을 쓰고, 한자어를 예쁘게 써 보세요.

花盆 ⎵ / 花 ⎵ ＋ 盆 ⎵

나는 花盆에 나팔꽃 씨를 심고 물을 주었다.

花	盆	花	盆					

皇 帝　황제

皇 임금 **황** ＋ 帝 임금 **제** ＝ 皇帝

옛날 삼황[皇]과 오제[帝]를 皇帝라고 하였다.

왕이나 제후를 거느리고 나라를 통치하는 제국의 군주.

❀ 다음 빈칸에 한자어의 독음을 쓰고, 한자어를 예쁘게 써 보세요.

皇帝 ⎵ / 皇 ⎵ ＋ 帝 ⎵

진나라 시皇帝의 아방궁을 구경하고 싶다.

皇	帝	皇	帝					

1. 다음 □□안에 알맞은 한자어를 <보기>에서 찾아 써 보세요.

보기	學級 次時 獬豸 表現 皇帝 必要 行動 兄弟 漆板 花盆

버 금 차 에	때 시 하 면	반 복 시 간		이 고
옻 칠 할 칠	널 빤 지 판	글 쓰 는 판		이 며
겉 표 에 다	나 타 날 현	속 나 타 낸		이 고
반 드 시 필	요 긴 할 요	꼭 소 용 된		이 며
배 울 학 에	등 급 급 은	교 실 단 위		이 고
해 태 해 와	해 태 치 는	상 상 동 물		이 며
행 할 행 에	움 직 일 동	몸 움 직 임		이 고
맏 형 하 고	아 우 제 는	형 과 아 우		이 며
꽃 화 하 고	동 이 분 은	꽃 의 그 릇		이 고
임 금 황 에	임 금 제 는	왕 위 의 왕		이 다

2. 다음 한자어의 뜻을 써 보세요.

① 次時 　　　　　　　　　　⑥ 獬豸

② 漆板 　　　　　　　　　　⑦ 行動

③ 表現 　　　　　　　　　　⑧ 兄弟

④ 必要 　　　　　　　　　　⑨ 花盆

⑤ 學級 　　　　　　　　　　⑩ 皇帝

3. 다음 한자어의 독음을 쓰고, 예쁘게 한자로 써 보세요.

①	次時		次	時	次	時			
②	漆板		漆	板	漆	板			
③	表現		表	現	表	現			
④	必要		必	要	必	要			
⑤	學級		學	級	學	級			
⑥	獬豸		獬	豸	獬	豸			
⑦	行動		行	動	行	動			
⑧	兄弟		兄	弟	兄	弟			
⑨	花盆		花	盆	花	盆			
⑩	皇帝		皇	帝	皇	帝			

4. 다음 한자어에 독음과 알맞은 뜻을 바르게 연결하세요.

① 花盆 • • 형제 • • 몸을 움직여 동작을 하거나 어떤 일을 함.

② 學級 • • 학급 • • 반드시 요구되는 바가 있음.

③ 兄弟 • • 화분 • • 형과 아우를 아울러 이르는 말.

④ 必要 • • 행동 • • 한 교실에서 공부하는 학생의 단위 집단.

⑤ 行動 • • 필요 • • 꽃을 심어 가꾸는 그릇.

수학

非禮勿言(비례물언)하고 **非禮勿動**(비례물동)하라

예가 아니면 말하지도 말고,
예가 아니면 움직이지 말라. 《인성보감》

假分數 * 各各 * 間食 * 距離 * 檢算
計算 * 國旗 * 規則 * 單位 * 帶分數

📍 한글로 된 가사를 노래로 부르면 한자어의 뜻이 쉽게 이해돼요.

거 짓 가 에	나 늘 분 과	셈 수 하 여	가 분 수 고
각 각 각 과	각 각 각 은	따 로 따 로	각 각 이 며
사 이 간 에	먹 을 식 은	사 이 음 식	간 식 이 고
떨 어 질 거	때 놓 을 리	떨 어 진 길	거 리 이 며
검 사 할 검	셀 산 하 면	계 산 확 인	검 산 이 고
수 를 셈 해	값 을 치 룬	셀 계 셀 산	계 산 이 며
나 라 국 에	깃 발 기 는	나 라 깃 발	국 기 이 고
법 규 에 다	법 칙 칙 은	정 한 법 칙	규 칙 이 며
홑 단 하 고	자 리 위 는	일 정 기 준	단 위 이 고
띠 대 하 고	나 늘 분 에	셈 수 하 면	대 분 수 다

📍 이제는 한자로 쓰인 한자어 가사도 쉽게 읽을 수 있어요~~^^

거 짓 假 에	나 늘 分 과	셈 數 하 여	假 分 數 고
各 各 各 과	各 各 各 은	따 로 따 로	各 各 이 며
사 이 間 에	먹 을 食 은	사 이 飮 食	間 食 이 고
떨 어 질 距	때 놓 을 離	떨 어 진 길	距 離 이 며
檢 査 할 檢	셀 算 하 면	計 算 確 認	檢 算 이 고
數 를 셈 해	값 을 치 룬	셀 計 셀 算	計 算 이 며
나 라 國 에	旗 발 旗 는	나 라 旗 발	國 旗 이 고
法 規 에 다	法 則 則 은	定 한 法 則	規 則 이 며
홑 單 하 고	자 리 位 는	一 定 基 準	單 位 이 고
띠 帶 하 고	나 늘 分 에	셈 數 하 면	帶 分 數 다

假分數 가분수

假 거짓 가 + 分 나눌 분 + 數 셈 수 = 假分數

분자가 분모보다 더 큰 거짓[假] 분수[分數]가 假分數이다.

분자가 분모보다 큰 분수. 3/2, 7/5 따위이다.

❀ 다음 빈칸에 한자어의 독음을 쓰고, 한자어를 예쁘게 써 보세요.

假分數 [　　] / 假 [　　] + 分 [　　] + 數 [　　]

분자가 분모보다 큰 분수를 假分數라고 한다.

假	分	數	假	分	數			

各 各 각각

各 각각 각 + 各 각각 각 = 各各

각각[各]이고 각각[各]이니 各各이다.

사람이나 물건의 하나하나.

❀ 다음 빈칸에 한자어의 독음을 쓰고, 한자어를 예쁘게 써 보세요.

各各 [　　] / 各 [　　] + 各 [　　]

회의 참석자들은 各各의 의견을 자유롭게 이야기했다.

各	各	各	各				

間 食　간식

間 사이 간 ＋ 食 먹을 식 ＝ 間食

끼니 사이[間]에 먹는[食] 것이 間食이다.

끼니와 끼니 사이에 음식을 먹음. 또는 그 음식.

❀ 다음 빈칸에 한자어의 독음을 쓰고, 한자어를 예쁘게 써 보세요.

間食 [　] / 間 [　] ＋ 食 [　]

저녁 식사를 하기 전 그들은 間食으로 삶은 고구마를 먹었다.

間	食	間	食				

距 離　거리

距 떨어질 거 ＋ 離 떼놓을 리 ＝ 距離

떨어지고[距] 떼어진[離] 길이가 距離이다.

두 개의 물건이나 장소 따위가 공간적으로 떨어진 길이.

❀ 다음 빈칸에 한자어의 독음을 쓰고, 한자어를 예쁘게 써 보세요.

距離 [　] / 距 [　] ＋ 離 [　]

우리 집에서 학교까지의 距離는 약 500미터이다.

距	離	距	離				

檢 算　검산

檢 검사할 **검** + 算 셀 **산** = 檢算

검사하기[檢] 위해 다시 셈하는[算] 것이 檢算이다.

계산의 결과가 맞는지를 살펴보기 위해 다시 계산함.

❀ 다음 빈칸에 한자어의 독음을 쓰고, 한자어를 예쁘게 써 보세요.

| 檢算 | | / | 檢 | | + | 算 | |

계산을 한 뒤에는 꼭 檢算을 해서 틀리지 않도록 해라.

檢	算	檢	算						

計 算　계산

計 셀 **계** + 算 셀 **산** = 計算

수를 세어서[計] 헤아리는[算] 것이 計算이다.

주어진 수나 식을 연산의 법칙에 따라 처리하여 수치를 구함.

❀ 다음 빈칸에 한자어의 독음을 쓰고, 한자어를 예쁘게 써 보세요.

| 計算 | | / | 計 | | + | 算 | |

그는 숫자 감각이 있어서인지 計算의 속도가 빠르다.

計	算	計	算						

國 旗 국기

國 나라 **국** + 旗 깃발 **기** = 國旗

🔵 나라[國]의 깃발[旗]이 國旗이다.

🔵 한 나라를 상징하기 위하여 그 나라의 표지로 정한 기.

❀ 다음 빈칸에 한자어의 독음을 쓰고, 한자어를 예쁘게 써 보세요.

國旗 [　] / 國 [　] + 旗 [　]

🔵 우리나라의 國旗는 태극기 입니다.

國	旗	國	旗						

規 則 규칙

規 법 **규** + 則 법칙 **칙** = 規則

🔵 법[規]이나 법칙[則]이 規則이다.

🔵 다 함께 지키기로 정한 사항이나 법칙.

❀ 다음 빈칸에 한자어의 독음을 쓰고, 한자어를 예쁘게 써 보세요.

規則 [　] / 規 [　] + 則 [　]

🔵 학생은 교내 規則을 잘 지키도록 노력하여야 한다.

規	則	規	則						

單 位 　단위

單 　홀 　단 ＋ 位 　자리 　위 ＝ 單位

홀[單] 자리[位]가 單位이다.

사물의 길이, 넓이, 무게 등을 수치로 나타날 때, 기본이 되는 기준.

❀ 다음 빈칸에 한자어의 독음을 쓰고, 한자어를 예쁘게 써 보세요.

單位 [ ] / 單 [ ] ＋ 位 [ ]

독음 연습 　우주선을 개발하려면 천문학적인 單位의 돈이 필요할 것이다.

單	位	單	位						

帶分數 　대분수

帶 　띠 　대 ＋ 分 　나눌 　분 ＋ 數 　셈 　수 ＝ 帶分數

자연수를 띠[帶]처럼 차고 있는 분수[分數]가 帶分數이다.

정수와 진분수의 합으로 이루어진 수. $2\frac{1}{4}$ 따위를 이른다.

❀ 다음 빈칸에 한자어의 독음을 쓰고, 한자어를 예쁘게 써 보세요.

帶分數 [ ] / 帶 [ ] ＋ 分 [ ] ＋ 數 [ ]

독음 연습 　다음의 帶分數를 가분수로 고쳐봅시다.

帶	分	數	帶	分	數				

1. 다음 ☐☐안에 알맞은 한자어를 <보기>에서 찾아 써 보세요.

보기	間食 各各 計算 帶分數 檢算 國旗 假分數 規則 距離 單位

거 짓 가 에	나 눌 분 과	셈 수 하 여	고
각 각 각 과	각 각 각 은	따 로 따 로	이 며
사 이 간 에	먹 을 식 은	사 이 음 식	이 고
떨 어 질 거	떼 놓 을 리	떨 어 진 길	이 며
검 사 할 검	셀 산 하 면	계 산 확 인	이 고
수 를 셈 해	값 을 치 룬	셀 계 셀 산	이 며
나 라 국 에	깃 발 기 는	나 라 깃 발	이 며
법 규 에 다	법 칙 칙 은	정 한 법 칙	이 며
홑 단 하 고	자 리 위 는	일 정 기 준	이 고
띠 대 하 고	나 눌 분 에	셈 수 하 면	다

2. 다음 한자어의 뜻을 써 보세요.

① 假分數

② 各各

③ 間食

④ 距離

⑤ 檢算

⑥ 計算

⑦ 國旗

⑧ 規則

⑨ 單位

⑩ 帶分數

3. 다음 한자어의 독음을 쓰고, 예쁘게 한자로 써 보세요.

①	假分數		假	分	數	假	分	數
②	各各		各	各	各	各		
③	間食		間	食	間	食		
④	距離		距	離	距	離		
⑤	檢算		檢	算	檢	算		
⑥	計算		計	算	計	算		
⑦	國旗		國	旗	國	旗		
⑧	規則		規	則	規	則		
⑨	單位		單	位	單	位		
⑩	帶分數		帶	分	數	帶	分	數

4. 다음 한자어에 독음과 알맞은 뜻을 바르게 연결하세요.

① 計算 • • 검산 • • 분자가 분모보다 큰 분수.

② 帶分數 • • 계산 • • 계산의 결과가 맞는지를 살펴보기 위하여 다시 계산함.

③ 檢算 • • 가분수 • • 수를 헤아림.

④ 規則 • • 대분수 • • 여러 사람이 다 같이 지키기로 작정한 법칙.

⑤ 假分數 • • 규칙 • • 정수와 진분수의 합으로 이루어진 수.

大會 ＊ 圖形 ＊ 圖畵紙 ＊ 模型 ＊ 問題
物件 ＊ 方法 ＊ 補充 ＊ 分數 ＊ 比較

📍 한글로 된 가사를 노래로 부르면 한자어의 뜻이 쉽게 이해돼요.

큰 대 에 다	모 일 회 는	많 이 모 인	대 회 이 고
그 림 도 에	모 양 형 은	그 림 모 양	도 형 이 며
그 림 도 와	그 림 화 에	종 이 지 는	도 화 지 고
본 뜰 모 에	거 푸 집 형	본 뜬 물 건	모 형 이 며
물 을 문 에	제 목 제 는	해 답 필 요	문 제 이 고
물 건 물 에	물 건 건 은	형 체 갖 춰	물 건 이 며
목 적 달 성	방 식 수 단	모 방 법 법	방 법 이 고
기 울 보 에	채 울 충 은	채 워 보 탬	보 충 이 며
나 눌 분 에	셈 수 하 면	정 수 나 눈	분 수 이 고
견 줄 비 에	견 줄 교 는	견 준 다 는	비 교 이 다

📍 이제는 한자로 쓰인 한자어 가사도 쉽게 읽을 수 있어요~~^^

큰 大 에 다	모 일 會 는	많 이 모 인	大 會 이 고
그 림 圖 에	模 樣 形 은	그 림 模 樣	圖 形 이 며
그 림 圖 와	그 림 畵 에	종 이 紙 는	圖 畵 紙 고
본 뜰 模 에	거 푸 집 型	본 뜬 物 件	模 型 이 며
물 을 問 에	題 目 題 는	解 答 必 要	問 題 이 고
物 件 物 에	物 件 件 은	形 體 갖 춰	物 件 이 며
目 的 達 成	方 式 手 段	모 方 法 法	方 法 이 고
기 울 補 에	채 울 充 은	채 워 보 탬	補 充 이 며
나 눌 分 에	셈 數 하 면	正 數 나 눈	分 數 이 고
견 줄 比 에	견 줄 較 는	견 준 다 는	比 較 이 다

大 會 대회

大 큰 대 + 會 모일 회 = 大會

암기비법 크게[大] 모이는[會] 것이 大會이다.

사전풀이 많은 사람이 일정한 때에 일정한 자리에 모여 행하는 행사.

❀ 다음 빈칸에 한자어의 독음을 쓰고, 한자어를 예쁘게 써 보세요.

| 大會 | | / | 大 | | + | 會 | |

독음연습 나는 내일 학교 대표로 전국 미술大會에 참가할 예정이다.

大	會	大	會						

圖 形 도형

圖 그림 도 + 形 모양 형 = 圖形

암기비법 그림[圖]의 모양[形]이 圖形이다.

사전풀이 점, 선, 면 따위가 모여 이루어진 사각형이나 원, 구 따위의 것.

❀ 다음 빈칸에 한자어의 독음을 쓰고, 한자어를 예쁘게 써 보세요.

| 圖形 | | / | 圖 | | + | 形 | |

독음연습 이번 시간에는 삼각형과 사각형을 만들면서 圖形을 배웠다.

圖	形	圖	形						

圖畫紙 도화지

圖 그림 도 + 畫 그림 화 + 紙 종이 지 = 圖畫紙

(암기비법) 그림[圖]을 그릴[畫] 수 있는 종이[紙]가 圖畫紙이다.

(사전풀이) 그림을 그리는 데 쓰는 종이.

❀ 다음 빈칸에 한자어의 독음을 쓰고, 한자어를 예쁘게 써 보세요.

圖畫紙 [　　　] / 圖 [　　　] + 畫 [　　　] + 紙 [　　　]

(독음연습) 아이들은 하얀 圖畫紙에다가 여러 가지 그림을 그렸다.

圖	畫	紙	圖	畫	紙		

模型 모형

模 본뜰 모 + 型 거푸집 형 = 模型

(암기비법) 실물을 본뜬[模] 거푸집[型]이 模型이다.

(사전풀이) 실물을 본떠서 만든 물건.

❀ 다음 빈칸에 한자어의 독음을 쓰고, 한자어를 예쁘게 써 보세요.

模型 [　　　] / 模 [　　　] + 型 [　　　]

(독음연습) 내 취미는 模型 비행기를 조립하는 것이다.

模	型	模	型				

問 題 문제

| 問 | 물을 문 | + | 題 | 제목 제 | = | 問題 |

물어보는[問] 제목[題]이 問題이다.

해답을 요구하는 물음.

❀ 다음 빈칸에 한자어의 독음을 쓰고, 한자어를 예쁘게 써 보세요.

| 問題 | | / | 問 | | + | 題 | |

이번 수학시험 問題는 굉장히 어려웠다.

| 問 | 題 | 問 | 題 | | | | | | |

物 件 물건

| 物 | 물건 물 | + | 件 | 물건 건 | = | 物件 |

물질[物]이나 물건[件]을 합쳐 物件이라 한다.

일정한 형체를 갖춘 물질적 대상.

❀ 다음 빈칸에 한자어의 독음을 쓰고, 한자어를 예쁘게 써 보세요.

| 物件 | | / | 物 | | + | 件 | |

物件을 구입할 때는 꼭 필요한 것이지 잘 생각해 보고 사야한다.

| 物 | 件 | 物 | 件 | | | | | |

方 法　방법

方　모　**방**　＋　法　법　**법**　＝　方法

방식[方]이나 법[法]이 方法이다.

목적을 달성하기 위해 취하는 방식이나 수단.

❀ 다음 빈칸에 한자어의 독음을 쓰고, 한자어를 예쁘게 써 보세요.

方法　＿＿＿　／　方　＿＿＿　＋　法　＿＿＿

이 문제를 해결할 方法을 찾기 위해 우리는 머리를 맞대었다.

方	法	方	法						

補 充　보충

補　기울　**보**　＋　充　채울　**충**　＝　補充

기워서[補] 채우는[充] 것이 補充이다.

모자라는 것을 보태어 채움.

❀ 다음 빈칸에 한자어의 독음을 쓰고, 한자어를 예쁘게 써 보세요.

補充　＿＿＿　／　補　＿＿＿　＋　充　＿＿＿

나는 이번 방학 때 부족한 과목을 補充할 계획을 세웠다.

補	充	補	充						

分 數 분수

分 나눌 분 + 數 셈 수 = 分數

정수[數]를 다른 정수로 나눈[分] 몫을 나타낸 것이 分數이다.

어떤 정수를 0이 아닌 다른 정수로 나눈 몫을 나타낸 것.

❀ 다음 빈칸에 한자어의 독음을 쓰고, 한자어를 예쁘게 써 보세요.

分數 [　] / 分 [　] + 數 [　]

마지막 分數 계산에서 분모와 분자를 헷갈려서 틀렸다.

分	數	分	數				

比 較 비교

比 견줄 비 + 較 견줄 교 = 比較

견주어[比] 살피는[較] 것이 比較이다.

둘 이상의 것을 견주어 공통점이나 차이점, 우열을 살핌.

❀ 다음 빈칸에 한자어의 독음을 쓰고, 한자어를 예쁘게 써 보세요.

比較 [　] / 比 [　] + 較 [　]

어머니의 자식에 대한 헌신적 사랑은 그 무엇과도 比較할 수 없다.

比	較	比	較				

1. 다음 ☐☐안에 알맞은 한자어를 <보기>에서 찾아 써 보세요.

보기	物件 圖形 比較 模型 問題 方法 大會 補充 分數 圖書紙

큰 대 에 다	모 일 회 는	많 이 모 인		이	고
그 림 도 에	모 양 형 은	그 림 모 양		이	며
그 림 도 와	그 림 화 에	종 이 지 는			고
본 뜰 모 에	거 푸 집 형	본 뜬 물 건		이	며
물 을 문 에	제 목 제 는	해 답 필 요		이	고
물 건 물 에	물 건 건 은	형 체 갖 춘		이	며
목 적 달 성	방 식 수 단	모 방 법 법		이	고
기 울 보 에	채 울 충 은	채 워 보 탬		이	며
나 눌 분 에	셈 수 하 면	정 수 나 눈		이	고
견 줄 비 에	견 줄 교 는	견 준 다 는		이	다

2. 다음 한자어의 뜻을 써 보세요.

① 大會

② 圖形

③ 圖書紙

④ 模型

⑤ 問題

⑥ 物件

⑦ 方法

⑧ 補充

⑨ 分數

⑩ 比較

3. 다음 한자어의 독음을 쓰고, 예쁘게 한자로 써 보세요.

①	大會		大 會 大 會
②	圖形		圖 形 圖 形
③	圖畫紙		圖 畫 紙 圖 畫 紙
④	模型		模 型 模 型
⑤	問題		問 題 問 題
⑥	物件		物 件 物 件
⑦	方法		方 法 方 法
⑧	補充		補 充 補 充
⑨	分數		分 數 分 數
⑩	比較		比 較 比 較

4. 다음 한자어에 독음과 알맞은 뜻을 바르게 연결하세요.

① 比較 ·   · 도형 ·   · 둘 이상의 것을 견주어 공통점이나 차이점, 우열을 살핌.

② 補充 ·   · 모형 ·   · 모자란 것을 보태어 채움.

③ 方法 ·   · 방법 ·   · 목적을 달성하기 위해 취하는 방식이나 수단.

④ 模型 ·   · 보충 ·   · 실물을 모방하여 만든 물건.

⑤ 圖形 ·   · 비교 ·   · 점, 선, 면, 체 또는 그것들의 집합을 통틀어 이르는 말.

沙果 * 箱子 * 線分 * 說明 * 小數
時計 * 連續 * 熱量 * 完成 * 自然數

한글로 된 가사를 노래로 부르면 한자어의 뜻이 쉽게 이해돼요.

모 래 사 에	과 일 과 는	사 과 나 무	사 과 이 고
상 자 상 에	물 건 자 는	물 건 담 는	상 자 이 며
줄 선 에 다	나 눌 분 은	두 점 한 정	선 분 이 고
말 씀 설 에	밝 을 명 은	밝 혀 말 함	설 명 이 며
작 을 소 에	셈 수 하 면	영 보 다 큰	소 수 이 고
시 간 시 각	기 계 장 치	때 시 셀 계	시 계 이 며
이 을 연 에	이 을 속 은	즉 지 속 함	연 속 이 고
더 울 열 에	헤 아 릴 량	칼 로 리 인	열 량 이 며
완 전 할 완	이 룰 성 은	완 전 이 룸	완 성 이 고
스 스 로 자	그 럴 연 에	셈 수 하 면	자 연 수 다

이제는 한자로 쓰인 한자어 가사도 쉽게 읽을 수 있어요~~^^

모 래 沙 에	과 일 果 는	沙 果 나 무	沙 果 이 고
箱 子 箱 에	物 件 子 는	物 件 담 는	箱 子 이 며
줄 線 에 다	나 눌 分 은	두 點 限 定	線 分 이 고
말 씀 說 에	밝 을 明 은	밝 혀 말 함	說 明 이 며
작 을 小 에	셈 數 하 면	零 보 다 큰	小 數 이 고
時 間 時 刻	機 械 裝 置	때 時 셀 計	時 計 이 며
이 을 連 에	이 을 續 은	즉 持 續 함	連 續 이 고
더 울 熱 에	헤 아 릴 量	칼 로 리 인	熱 量 이 며
完 全 할 完	이 룰 成 은	完 全 이 룸	完 成 이 고
스 스 로 自	그 럴 然 에	셈 數 하 면	自 然 數 다

沙 果 _{사과}

沙 모래 **사** + 果 과일 **과** = 沙果

모래[沙]같이 바삭바삭 한 과일[果]이 沙果이다.

사과나무의 열매.

❀ 다음 빈칸에 한자어의 독음을 쓰고, 한자어를 예쁘게 써 보세요.

沙果		/	沙		+	果	

나는 아침마다 沙果 한 개씩을 먹고 등교한다.

沙	果	沙	果						

箱 子 _{상자}

箱 상자 **상** + 子 물건 **자** = 箱子

상자[箱]라는 물건[子]이 箱子이다.

나무, 대, 종이 같은 것으로 만든 네모난 그릇.

❀ 다음 빈칸에 한자어의 독음을 쓰고, 한자어를 예쁘게 써 보세요.

箱子		/	箱		+	子	

나는 놀고 난 뒤 장난감을 箱子에 넣어 두었다.

箱	子	箱	子					

線 分　선분

線 줄 선 + 分 나눌 분 = 線分

（암기비령）줄[線] 위에서 나뉜 부분[分]이 線分이다.

（사전적 풀이）직선 위에서 그 위의 두 점 사이에 한정된 부분.

❀ 다음 빈칸에 한자어의 독음을 쓰고, 한자어를 예쁘게 써 보세요.

線分 　　　 / 線 　　　 + 分 　　　

（독음연습）삼각형은 세 개의 線分으로 이루어져 있다.

線	分	線	分						

說 明　설명

說 말씀 설 + 明 밝을 명 = 說明

（암기비령）밝혀[明] 말함[說]이 說明이다.

（사전적 풀이）어떤 일이나 대상의 내용을 상대편이 잘 알 수 있도록 밝혀 말함.

❀ 다음 빈칸에 한자어의 독음을 쓰고, 한자어를 예쁘게 써 보세요.

說明 　　　 / 說 　　　 + 明 　　　

（독음연습）새 교과서는 어려운 한자어를 한자로 표기하여 說明했다.

說	明	說	明						

小 數　소수

小　작을　소　+　數　셈　수　=　小數

0보다 크고 1보다 작은[小] 실수[數]가 小數이다.

0보다 크고 1보다 작은 실수. 0 다음에 점을 찍어 나타낸다.

❀ 다음 빈칸에 한자어의 독음을 쓰고, 한자어를 예쁘게 써 보세요.

小數　[　　　]　/　小　[　　]　+　數　[　　]

분수를 小數로 표현하려면 분자를 분모로 나누어야 한다.

小	數	小	數						

時 計　시계

時　때　시　+　計　셀　계　=　時計

때[時]를 셈하여[計] 재는 기계가 時計이다.

시각을 나타내거나 시간을 재는 기계를 통틀어 이르는 말.

❀ 다음 빈칸에 한자어의 독음을 쓰고, 한자어를 예쁘게 써 보세요.

時計　[　　　]　/　時　[　　]　+　計　[　　]

時計를 보니 벌써 아홉 시가 넘었다.

時	計	時	計						

連 續 연속

| 連 | 이을 | 연 | + | 續 | 이을 | 속 | = | 連續 |

이어지고[連] 이어지는[續] 것이 連續이다.

끊이지 아니하고 죽 이어지거나 지속함.

❀ 다음 빈칸에 한자어의 독음을 쓰고, 한자어를 예쁘게 써 보세요.

| 連續 | | / | 連 | | + | 續 | |

우리 팀은 다섯 경기 連續 무실점으로 우승했다.

| 連 | 續 | 連 | 續 | | | | | | |

熱 量 열량

| 熱 | 더울 | 열 | + | 量 | 헤아릴 | 량 | = | 熱量 |

열[熱]을 나타내는 양[量]이 熱量이다.

열을 에너지의 양으로 나타낸 것. 단위는 칼로리로 표시한다.

❀ 다음 빈칸에 한자어의 독음을 쓰고, 한자어를 예쁘게 써 보세요.

| 熱量 | | / | 熱 | | + | 量 | |

야채는 같은 양의 동물성 지방에 비해 熱量이 적다.

| 熱 | 量 | 熱 | 量 | | | | | | |

完 成　완성

完 완전할 완 + 成 이룰 성 = 完成

완전하게[完] 이루어[成]내는 것이 完成이다.

어떤 일을 다 이루어 완전한 것으로 만듦.

❀ 다음 빈칸에 한자어의 독음을 쓰고, 한자어를 예쁘게 써 보세요.

完成 ⬜ / 完 ⬜ + 成 ⬜

이 책은 기초부터 完成까지 잘 쓰여진 책이다.

完	成	完	成					

自 然 數　자연수

自 스스로 자 + 然 그럴 연 + 數 셈 수 = 自然數

자연[自然]의 수[數]가 自然數이다.

양(陽)의 정수(整數).

❀ 다음 빈칸에 한자어의 독음을 쓰고, 한자어를 예쁘게 써 보세요.

自然數 ⬜ / 自 ⬜ + 然 ⬜ + 數 ⬜

두 개 이상의 自然數에 공통인 약수를 공약수라고 한다.

自	然	數	自	然	數			

1. 다음 ☐☐안에 알맞은 한자어를 <보기>에서 찾아 써 보세요.

小數 箱子 熱量 線分 自然數 說明 時計 連續 沙果 完成

모 래 사 에	과 일 과 는	사 과 나 무		이 고
상 자 상 에	물 건 자 는	물 건 담 는		이 며
줄 선 에 다	나 눌 분 은	두 점 한 정		이 고
말 씀 설 에	밝 을 명 은	밝 혀 말 함		이 며
작 을 소 에	셈 수 하 면	영 보 다 큰		이 고
시 간 시 각	기 계 장 치	때 시 셀 계		이 며
이 을 연 에	이 을 속 은	죽 지 속 함		이 고
더 울 열 에	헤 아 릴 량	칼 로 리 인		이 며
완 전 할 완	이 룰 성 은	완 전 이 룸		이 고
스 스 로 자	그 럴 연 에	셈 수 하 면		다

2. 다음 한자어의 뜻을 써 보세요.

① 沙果

⑥ 時計

② 箱子

⑦ 連續

③ 線分

⑧ 熱量

④ 說明

⑨ 完成

⑤ 小數

⑩ 自然數

3. 다음 한자어의 독음을 쓰고, 예쁘게 한자로 써 보세요.

① 沙果 [　] 沙 果 沙 果 ⬚ ⬚ ⬚ ⬚
② 箱子 [　] 箱 子 箱 子 ⬚ ⬚ ⬚ ⬚
③ 線分 [　] 線 分 線 分 ⬚ ⬚ ⬚ ⬚
④ 說明 [　] 說 明 說 明 ⬚ ⬚ ⬚ ⬚
⑤ 小數 [　] 小 數 小 數 ⬚ ⬚ ⬚ ⬚
⑥ 時計 [　] 時 計 時 計 ⬚ ⬚ ⬚ ⬚
⑦ 連續 [　] 連 續 連 續 ⬚ ⬚ ⬚ ⬚
⑧ 熱量 [　] 熱 量 熱 量 ⬚ ⬚ ⬚ ⬚
⑨ 完成 [　] 完 成 完 成 ⬚ ⬚ ⬚ ⬚
⑩ 自然數 [　] 自 然 數 自 然 數 ⬚ ⬚

4. 다음 한자어에 독음과 알맞은 뜻을 바르게 연결하세요.

① 小數 ・　・ 소 수 ・　・ 0보다 크고 1보다 작은 실수.

② 連續 ・　・ 열 량 ・　・ 끊이지 아니하고 죽 이어지거나 지속함.

③ 熱量 ・　・ 연 속 ・　・ 열을 에너지의 양으로 나타낸 것.

④ 完成 ・　・ 자연수 ・　・ 어떤 일을 다 이루어 완전한 것으로 만듦.

⑤ 自然數 ・　・ 완 성 ・　・ 양의 정수.

全體 * 切紙 * 準備物 * 直角 * 體驗
標示 * 學生 * 解決 * 確認 * 活動

한글로 된 가사를 노래로 부르면 한자어의 뜻이 쉽게 이해돼요.

온 전 할 전	몸 체 하 면	모 든 집 합	전 체 이 고
끊 을 절 에	종 이 지 는	자 른 종 이	절 지 이 며
수 준 기 준	갖 출 비 에	물 건 물 은	준 비 물 과
곧 을 직 에	뿔 각 하 면	구 십 도 각	직 각 이 며
몸 체 에 다	시 험 할 험	실 제 겪 음	체 험 이 며
우 듬 지 표	보 일 시 는	외 부 보 임	표 시 이 고
배 울 학 에	날 생 하 면	배 우 는 이	학 생 이 며
풀 해 에 다	터 질 결 은	결 말 지 음	해 결 이 고
굳 을 확 에	알 인 이 면	확 실 인 정	확 인 이 며
살 활 에 다	움 직 일 동	활 발 히 함	활 동 이 다

이제는 한자로 쓰인 한자어 가사도 쉽게 읽을 수 있어요~~^^

穩 全 할 全	몸 體 하 면	모 든 集 合	全 體 이 고
끊 을 切 에	종 이 紙 는	자 른 종 이	切 紙 이 며
水 準 器 準	갖 출 備 에	物 件 物 은	準 備 物 과
곧 을 直 에	뿔 角 하 면	九 十 度 角	直 角 이 며
몸 體 에 다	試 驗 할 驗	實 際 겪 음	體 驗 이 며
우 듬 지 標	보 일 示 는	外 部 보 임	標 示 이 고
배 울 學 에	날 生 하 면	배 우 는 이	學 生 이 며
풀 解 에 다	터 질 決 은	結 末 지 음	解 決 이 고
굳 을 確 에	알 認 이 면	確 實 認 定	確 認 이 며
살 活 에 다	움 직 일 動	活 潑 히 함	活 動 이 다

全 體 　전체

全 온전할 전 ＋ 體 몸 체 ＝ 全體

온전한[全] 몸[體]덩어리가 全體이다.

여러 요소들로 이루어진 것의 온 덩어리.

❀ 다음 빈칸에 한자어의 독음을 쓰고, 한자어를 예쁘게 써 보세요.

全體 　　　 / 全 　　　 ＋ 體 　　　

독음
연습
한 면만 보지 말고 全體를 살펴야 한다.

全	體	全	體					

切 紙 　절지

切 끊을 절 ＋ 紙 종이 지 ＝ 切紙

규격에 맞게 끊어낸[切] 종이[紙]가 切紙이다.

일정한 규격에 맞게 자른 종이.

❀ 다음 빈칸에 한자어의 독음을 쓰고, 한자어를 예쁘게 써 보세요.

切紙 　　　 / 切 　　　 ＋ 紙 　　　

독음
연습
팔切紙를 반으로 접으면 십육切紙가 된다.

切	紙	切	紙					

準備物 준비물

準 수준기 **준** + 備 갖출 **비** + 物 물건 **물** = 準備物

준비[準備]해야 할 물건[物]이 準備物이다.

어떤 일을 하기 위하여 미리 준비해야 할 물건.

❀ 다음 빈칸에 한자어의 독음을 쓰고, 한자어를 예쁘게 써 보세요.

準備物 [　　] / 準 [　] + 備 [　] + 物 [　]

나는 잠자기 전에 책가방을 싸면서 準備物을 챙겼다.

準	備	物	準	備	物			

直 角 직각

直 곧을 **직** + 角 뿔 **각** = 直角

곧은[直] 각[角]이 直角이다.

두 직선이 만나서 이루는 90도(度)의 각.

❀ 다음 빈칸에 한자어의 독음을 쓰고, 한자어를 예쁘게 써 보세요.

直角 [　　] / 直 [　] + 角 [　]

直角 삼각형은 반드시 한 각이 구십도가 되어야 한다.

直	角	直	角					

體驗　체험

體 몸 **체** ＋ 驗 시험할 **험** ＝ 體驗

자기가 몸소[體] 경험[驗]한 것이 體驗이다.

어떤 일을 실제로 보고 듣고 겪음.

❀ 다음 빈칸에 한자어의 독음을 쓰고, 한자어를 예쁘게 써 보세요.

體驗 ☐ ／ 體 ☐ ＋ 驗 ☐

가상 공간 학습관에서 우주인 體驗을 할 수 있었다.

體	驗	體	驗					

標示　표시

標 우듬지 **표** ＋ 示 보일 **시** ＝ 標示

표[標]를 하여 외부에 드러내 보이는[示] 것이 標示이다.

어떤 사항을 알리는 문구나 기호 따위를 외부에 나타내 보임.

❀ 다음 빈칸에 한자어의 독음을 쓰고, 한자어를 예쁘게 써 보세요.

標示 ☐ ／ 標 ☐ ＋ 示 ☐

이 문은 출입 금지 標示가 되어 있다.

標	示	標	示					

學 生　학생

學　배울　학　＋　生　날　생　＝　學生

배우는[學] 사람[生]이 學生이다.

학예를 배우는 사람.

❀ 다음 빈칸에 한자어의 독음을 쓰고, 한자어를 예쁘게 써 보세요.

| 學生 | | / | 學 | | ＋ | 生 | |

독음
연습　교실에는 공부하고 있는 學生이 스무 명 정도 있었다.

學	生	學	生						

解 決　해결

解　풀　해　＋　決　터질　결　＝　解決

풀거나[解] 잘 처리하는[決] 것이 解決이다.

어떤 문제나 사건 따위를 풀거나 잘 처리함.

❀ 다음 빈칸에 한자어의 독음을 쓰고, 한자어를 예쁘게 써 보세요.

| 解決 | | / | 解 | | ＋ | 決 | |

독음
연습　우리 팀에게 주어진 문제를 解決하기 위해 의논을 하였다.

解	決	解	決						

確 認 확인

確	굳을 확	+	認	알 인	=	確認

확실히[確] 알아보는[認] 것이 確認이다.

틀림없이 그러한가를 알아보거나 인정함.

❀ 다음 빈칸에 한자어의 독음을 쓰고, 한자어를 예쁘게 써 보세요.

確認		/	確		+	認	

차선을 바꿀 때는 다른 차의 유무를 確認한 뒤 깜박등을 켜야 한다.

確	認	確	認						

活 動 활동

活	살 활	+	動	움직일 동	=	活動

살아서[活] 움직이는[動] 것이 活動이다.

일정한 성과를 거두기 위해 어떤 일을 활발히 함.

❀ 다음 빈칸에 한자어의 독음을 쓰고, 한자어를 예쁘게 써 보세요.

活動		/	活		+	動	

나는 노인회관에서 자원봉사 活動을 적극적으로 하고 있다.

活	動	活	動						

1. 다음 □□안에 알맞은 한자어를 <보기>에서 찾아 써 보세요.

보기	確認 切紙 體驗 標示 學生 準備物 解決 全體 活動 直角

온 전 할 전	몸 체 하 면	모 든 집 합		이 고
끊 을 절 에	종 이 지 는	자 른 종 이		이 며
수 준 기 준	갖 출 비 에	물 건 물 은		과
곧 을 직 에	뿔 각 하 면	구 십 도 각		이 며
몸 체 에 다	시 험 할 험	실 제 겪 음		이 며
우 듬 지 표	보 일 시 는	외 부 보 임		이 고
배 울 학 에	날 생 하 면	배 우 는 이		이 며
풀 해 에 다	터 질 결 은	결 말 지 음		이 고
굳 을 확 에	알 인 이 면	확 실 인 정		이 며
살 활 에 다	움 직 일 동	활 발 히 함		이 다

2. 다음 한자어의 뜻을 써 보세요.

① 全體 [   ] ⑥ 標示 [   ]

② 切紙 [   ] ⑦ 學生 [   ]

③ 準備物 [   ] ⑧ 解決 [   ]

④ 直角 [   ] ⑨ 確認 [   ]

⑤ 體驗 [   ] ⑩ 活動 [   ]

3. 다음 한자어의 독음을 쓰고, 예쁘게 한자로 써 보세요.

①	全體		全	體	全	體		
②	切紙		切	紙	切	紙		
③	準備物		準	備	物	準	備	物
④	直角		直	角	直	角		
⑤	體驗		體	驗	體	驗		
⑥	標示		標	示	標	示		
⑦	學生		學	生	學	生		
⑧	解決		解	決	解	決		
⑨	確認		確	認	確	認		
⑩	活動		活	動	活	動		

4. 다음 한자어에 독음과 알맞은 뜻을 바르게 연결하세요.

① 確認 · · 절지 · · 틀림없이 그러한가를 알아보거나 인정함.

② 解決 · · 직각 · · 어떤 문제나 사건 따위를 풀거나 잘 처리함.

③ 體驗 · · 체험 · · 어떤 일을 실제로 보고 듣고 겪음.

④ 切紙 · · 확인 · · 일정한 규격에 맞게 자른 종이.

⑤ 直角 · · 해결 · · 두 직선이 만나서 이루는 90도의 각.

과학

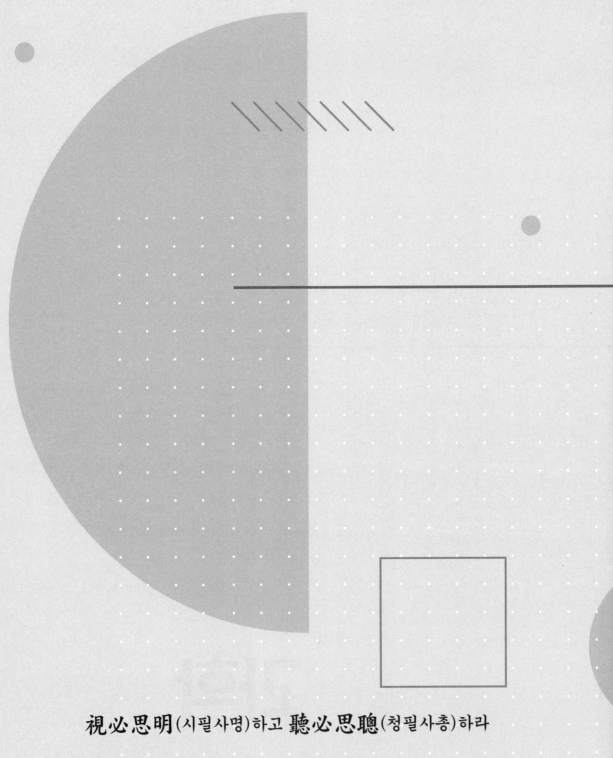

視必思明(시필사명)하고 **聽必思聰**(청필사총)하라

볼 때에는 반드시 밝게 볼 것을 생각하고,
들을 때에는 반드시 밝게 들을 것을 생각하라. 《인성보감》

簡易 ＊ 境遇 ＊ 計劃 ＊ 昆蟲 ＊ 空氣
恐龍 ＊ 過程 ＊ 科學 ＊ 觀察 ＊ 器具

📍 한글로 된 가사를 노래로 부르면 한자어의 뜻이 쉽게 이해돼요.

대 쪽 간 에	쉬 울 이 는	간 단 편 리	간 이 이 고
지 경 경 에	만 날 우 는	형 편 사 정	경 우 이 며
꾀 계 에 다	그 을 획 은	미 리 구 상	계 획 이 고
형 곤 하 고	벌 레 충 은	벌 레 속 칭	곤 충 이 며
빌 공 에 다	기 운 기 는	투 명 기 체	공 기 이 고
두 려 울 공	용 룡 하 면	파 충 류 왕	공 룡 이 며
지 날 과 에	길 정 하 니	일 의 경 로	과 정 이 고
조 목 과 에	배 울 학 은	진 리 발 견	과 학 이 며
볼 관 하 고	살 필 찰 은	보 고 살 핌	관 찰 이 고
그 릇 기 에	갖 출 구 는	세 간 도 구	기 구 이 다

📍 이제는 한자로 쓰인 한자어 가사도 쉽게 읽을 수 있어요~~^^

대 쪽 簡 에	쉬 울 易 는	簡 單 便 利	簡 易 이 고
地 境 境 에	만 날 遇 는	形 便 事 情	境 遇 이 며
꾀 計 에 다	그 을 劃 은	미 리 構 想	計 劃 이 고
兄 昆 하 고	벌 레 蟲 은	벌 레 俗 稱	昆 蟲 이 며
빌 空 에 다	氣 運 氣 는	透 明 氣 體	空 氣 이 고
두 려 울 恐	龍 龍 하 면	爬 蟲 類 王	恐 龍 이 며
지 날 過 에	길 程 하 니	일 의 經 路	過 程 이 고
條 目 科 에	배 울 學 은	眞 理 發 見	科 學 이 며
볼 觀 하 고	살 필 察 은	보 고 살 핌	觀 察 이 고
그 릇 器 에	갖 출 具 는	세 간 道 具	器 具 이 다

簡 易　간이

簡　대쪽　간　+　易　쉬울　이　=　簡易

간편[簡]하여 이용하기 쉬운[易] 것이 簡易이다.

간편하게 설비하여 이용하기 쉽게 함.

❀ 다음 빈칸에 한자어의 독음을 쓰고, 한자어를 예쁘게 써 보세요.

簡易　　　　／　簡　　　　+　易

나는 오늘 아침에 簡易 우체국에서 편지를 부쳤다.

簡	易	簡	易				

境 遇　경우

境　지경　경　+　遇　만날　우　=　境遇

지경[境]에서 만나는[遇] 것이 境遇이다.

어떤 조건 아래에 놓인 그때의 상황이나 형편.

❀ 다음 빈칸에 한자어의 독음을 쓰고, 한자어를 예쁘게 써 보세요.

境遇　　　　／　境　　　　+　遇

총점이 동점일 境遇에는 국어 점수가 높은 사람을 합격시킨다.

境	遇	境	遇				

計 劃 계획

計 꾀 계 + 劃 그을 획 = 計劃

꾀[計]를 세워 그어놓는[劃] 것이 計劃이다.

앞으로 할 일의 절차, 방법, 규모 따위를 미리 헤아려 작정함.

❀ 다음 빈칸에 한자어의 독음을 쓰고, 한자어를 예쁘게 써 보세요.

計劃 [　　] / 計 [　　] + 劃 [　　]

우리 가족은 방학 때 떠날 여행 計劃을 세웠다.

計	劃	計	劃					

昆 蟲 곤충

昆 형 곤 + 蟲 벌레 충 = 昆蟲

모든[昆] 벌레[蟲]가 昆蟲이다.

곤충강에 속한 동물들을 통틀어 이르는 말.

❀ 다음 빈칸에 한자어의 독음을 쓰고, 한자어를 예쁘게 써 보세요.

昆蟲 [　　] / 昆 [　　] + 蟲 [　　]

여름 방학에 昆蟲 채집을 하러 북한산에 갈 예정이다.

昆	蟲	昆	蟲					

空 氣 공기

空 빌 공 + 氣 기운 기 = 空氣

빈 공간[空]에 있는 기체[氣]가 空氣이다.

지구를 둘러싼 대기의 하층부를 구성하는 무색, 무취의 투명한 기체.

❀ 다음 빈칸에 한자어의 독음을 쓰고, 한자어를 예쁘게 써 보세요.

空氣 [ ] / 空 [ ] + 氣 [ ]

독음연습 높은 산일수록 空氣가 희박하다.

空	氣	空	氣				

恐 龍 공룡

恐 두려울 공 + 龍 용 룡 = 恐龍

두렵게[恐] 생긴 용[龍]이 恐龍이다.

중생대 쥐라기와 백악기에 걸쳐 번성하였던 거대한 파충류의 총칭.

❀ 다음 빈칸에 한자어의 독음을 쓰고, 한자어를 예쁘게 써 보세요.

恐龍 [ ] / 恐 [ ] + 龍 [ ]

독음연습 내 동생은 어렸을 때부터 恐龍을 무척 좋아했다.

恐	龍	恐	龍				

過 程 과정

過 지날 과 + 程 길 정 = 過程

지나온[過] 길[程]이 過程이다.

일이나 상태가 진행하는 경로.

❀ 다음 빈칸에 한자어의 독음을 쓰고, 한자어를 예쁘게 써 보세요.

過程 [　] / 過 [　] + 程 [　]

過程도 중요하지만 결과 또한 중요하다.

過	程	過	程						

科 學 과학

科 조목 과 + 學 배울 학 = 科學

조목조목[科] 밝혀내는 학문[學]이 科學이다.

보편적인 진리나 법칙의 발견을 목적으로 한 체계적인 지식.

❀ 다음 빈칸에 한자어의 독음을 쓰고, 한자어를 예쁘게 써 보세요.

科學 [　] / 科 [　] + 學 [　]

내가 제일 좋아하는 과목은 科學이다.

科	學	科	學						

觀察 관찰

觀 볼 관 + 察 살필 찰 = 觀察

보고[觀] 살피는[察] 것이 觀察이다.

사물이나 현상을 주의하여 자세히 살펴봄.

❀ 다음 빈칸에 한자어의 독음을 쓰고, 한자어를 예쁘게 써 보세요.

觀察 | | / | 觀 | | + | 察

눈송이를 세밀하게 觀察하면 아주 재미있는 사실을 발견할 수 있다.

觀	察	觀	察					

器具 기구

器 그릇 기 + 具 갖출 구 = 器具

그릇[器]을 갖추어[具] 놓은 것이 器具이다.

세간, 도구, 기계 따위를 통틀어 이르는 말.

❀ 다음 빈칸에 한자어의 독음을 쓰고, 한자어를 예쁘게 써 보세요.

器具 | | / | 器 | | + | 具

측우기는 비가 내린 양을 재는 器具다.

器	具	器	具					

1. 다음 ☐☐안에 알맞은 한자어를 <보기>에서 찾아 써 보세요.

보기	器具 恐龍 計劃 空氣 境遇 過程 簡易 科學 昆蟲 觀察

대 쪽 간 에	쉬 울 이 는	간 단 편 리		이 고
지 경 경 에	만 날 우 는	형 편 사 정		이 며
꾀 계 에 다	그 을 획 은	미 리 구 상		이 고
형 곤 하 고	벌 레 충 은	벌 레 속 칭		이 며
빌 공 에 다	기 운 기 는	투 명 기 체		이 고
두 려 울 공	용 룡 하 면	파 충 류 왕		이 며
지 날 과 에	길 정 하 니	일 의 경 로		이 고
조 목 과 에	배 울 학 은	진 리 발 견		이 며
볼 관 하 고	살 필 찰 은	보 고 살 핌		이 고
그 릇 기 에	갖 출 구 는	세 간 도 구		이 다

2. 다음 한자어의 뜻을 써 보세요.

① 簡易 ⬚⬚⬚⬚⬚⬚⬚⬚⬚⬚ ⑥ 恐龍 ⬚⬚⬚⬚⬚⬚⬚⬚⬚⬚

② 境遇 ⬚⬚⬚⬚⬚⬚⬚⬚⬚⬚ ⑦ 過程 ⬚⬚⬚⬚⬚⬚⬚⬚⬚⬚

③ 計劃 ⬚⬚⬚⬚⬚⬚⬚⬚⬚⬚ ⑧ 科學 ⬚⬚⬚⬚⬚⬚⬚⬚⬚⬚

④ 昆蟲 ⬚⬚⬚⬚⬚⬚⬚⬚⬚⬚ ⑨ 觀察 ⬚⬚⬚⬚⬚⬚⬚⬚⬚⬚

⑤ 空氣 ⬚⬚⬚⬚⬚⬚⬚⬚⬚⬚ ⑩ 器具 ⬚⬚⬚⬚⬚⬚⬚⬚⬚⬚

3. 다음 한자어의 독음을 쓰고, 예쁘게 한자로 써 보세요.

①	簡易		簡	易	簡	易		
②	境遇		境	遇	境	遇		
③	計劃		計	劃	計	劃		
④	昆蟲		昆	蟲	昆	蟲		
⑤	空氣		空	氣	空	氣		
⑥	恐龍		恐	龍	恐	龍		
⑦	過程		過	程	過	程		
⑧	科學		科	學	科	學		
⑨	觀察		觀	察	觀	察		
⑩	器具		器	具	器	具		

4. 다음 한자어에 독음과 알맞은 뜻을 바르게 연결하세요.

① 簡易 · · 경우 · · 간편하게 설비하여 이용하기 쉽게 함.

② 境遇 · · 간이 · · 어떤 조건 아래에 놓인 그때의 상황이나 형편.

③ 器具 · · 관찰 · · 일이나 상태가 진행하는 경로.

④ 科程 · · 과정 · · 사물이나 현상을 주의하여 자세히 살펴봄.

⑤ 觀察 · · 기구 · · 세간, 도구, 기계 따위를 통틀어 이르는 말.

基準 * 氣體 * 羅針盤 * 多樣 * 動物
模樣 * 物質 * 物體 * 方向 * 變化

📍 한글로 된 가사를 노래로 부르면 한자어의 뜻이 쉽게 이해돼요.

터 기 에 다	수 준 기 준	기 본 표 준	기 준 이 고	
기 운 기 에	몸 체 하 면	공 기 같 은	기 체 이 며	
벌 일 라 에	바 늘 침 에	소 반 반 은	나 침 반 과	
많 을 다 에	모 양 양 은	여 러 모 양	다 양 이 며	
움 직 일 동	물 건 물 은	움 직 이 는	동 물 이 고	
모 양 모 에	모 양 양 은	걸 의 생 김	모 양 이 며	
물 건 물 에	바 탕 질 은	물 체 바 탕	물 질 이 고	
물 건 물 에	몸 체 하 면	형 태 가 진	물 체 이 며	
모 방 에 다	향 할 향 은	방 위 향 한	방 향 이 고	
변 할 변 에	될 화 하 면	바 꿔 어 진	변 화 이 다	

📍 이제는 한자로 쓰인 한자어 가사도 쉽게 읽을 수 있어요~~^^

터 基 에 다	水 準 器 準	基 本 標 準	基 準 이 고	
氣 運 氣 에	몸 體 하 면	空 氣 같 은	氣 體 이 며	
벌 일 羅 에	바 늘 針 에	小 盤 盤 은	羅 針 盤 과	
많 을 多 에	模 樣 樣 은	여 러 模 樣	多 樣 이 며	
움 직 일 動	物 件 物 은	움 직 이 는	動 物 이 고	
模 樣 模 에	模 樣 樣 은	걸 의 生 김	模 樣 이 며	
物 件 物 에	바 탕 質 은	物 體 바 탕	物 質 이 고	
物 件 物 에	몸 體 하 면	形 態 가 진	物 體 이 며	
모 方 에 다	向 할 向 은	方 位 向 한	方 向 이 고	
變 할 變 에	될 化 하 면	바 꿔 어 진	變 化 이 다	

基 準　기준

基　터　기 ＋ 準　수준기　준 ＝ 基準

(암기비법) 기본[基]이 되는 표준[準]이 基準이다.

(가로풀이) 기본이 되는 표준.

❀ 다음 빈칸에 한자어의 독음을 쓰고, 한자어를 예쁘게 써 보세요.

基準 [　] / 基 [　] ＋ 準 [　]

(독음연습) 이번 대회는 심사 基準을 엄격히 적용하기로 했다.

基	準	基	準				

氣 體　기체

氣　기운　기 ＋ 體　몸　체 ＝ 氣體

(암기비법) 기운[氣]이 모인 몸[體]이 氣體이다.

(가로풀이) 일정한 형태가 없고 유동성이 큰 물질의 기본적인 집합 상태.

❀ 다음 빈칸에 한자어의 독음을 쓰고, 한자어를 예쁘게 써 보세요.

氣體 [　] / 氣 [　] ＋ 體 [　]

(독음연습) 물은 섭씨 100도에서 氣體 상태로 변한다.

氣	體	氣	體				

羅針盤 나침반

羅 벌일 **라** + 針 바늘 **침** + 盤 소반 **반** = 羅針盤

바늘[針]로 방향을 나타내는[羅] 소반[盤]이 羅針盤이다.

방향을 알아내는 계기의 하나.

❀ 다음 빈칸에 한자어의 독음을 쓰고, 한자어를 예쁘게 써 보세요.

羅針盤 ☐ / 羅 ☐ + 針 ☐ + 盤 ☐

오늘 학교에서 羅針盤 보는 법에 대해서 배웠다.

羅	針	盤	羅	針	盤				

多 樣 다양

多 많을 **다** + 樣 모양 **양** = 多樣

많은[多] 모양[樣]이 多樣이다.

종류가 여러 가지로 많음.

❀ 다음 빈칸에 한자어의 독음을 쓰고, 한자어를 예쁘게 써 보세요.

多樣 ☐ / 多 ☐ + 樣 ☐

학급 바자회에는 친구들이 낸 多樣한 물건들이 모였다.

多	樣	多	樣						

動 物 동물

| 動 | 움직일 동 | + | 物 | 물건 물 | = | 動物 |

합기개념 움직이는[動] 생물[物]이 動物이다.

사전풀이 생물계의 두 갈래 가운데 하나.

❀ 다음 빈칸에 한자어의 독음을 쓰고, 한자어를 예쁘게 써 보세요.

| 動物 | | / | 動 | | + | 物 | |

독음연습 우리 집에서는 다양한 애완 動物을 기르고 있다.

動	物	動	物					

模 樣 모양

| 模 | 모양 모 | + | 樣 | 모양 양 | = | 模樣 |

합기개념 모양[模]의 모양[樣]이 模樣이다.

사전풀이 겉으로 나타나는 생김새나 모습.

❀ 다음 빈칸에 한자어의 독음을 쓰고, 한자어를 예쁘게 써 보세요.

| 模樣 | | / | 模 | | + | 樣 | |

독음연습 여학생들의 머리 模樣이 다양해졌다.

模	樣	模	樣					

物 質 물질

| 物 | 물건 **물** | + | 質 | 바탕 **질** | = | 物質 |

물체[物]의 바탕[質]이 物質이다.

물체를 이루는 본바탕.

❀ 다음 빈칸에 한자어의 독음을 쓰고, 한자어를 예쁘게 써 보세요.

| 物質 | | / | 物 | | + | 質 | |

독음 연습 퇴적 物質이 물이 흘러가는 방향을 따라 쌓였다.

| 物 | 質 | 物 | 質 | | | | | | |

物 體 물체

| 物 | 물건 **물** | + | 體 | 몸 **체** | = | 物體 |

물건[物]의 형체[體]가 있는 것이 物體이다.

구체적인 형태를 가지고 존재하는 물건.

❀ 다음 빈칸에 한자어의 독음을 쓰고, 한자어를 예쁘게 써 보세요.

| 物體 | | / | 物 | | + | 體 | |

독음 연습 방구석에 이상한 物體가 눈에 띄었다.

| 物 | 體 | 物 | 體 | | | | | | |

方 向 방향

方 모 방 + 向 향할 향 = 方向

어떤 방위[方]를 향한[向] 쪽이 方向이다.

어떤 방위를 향한 쪽.

❀ 다음 빈칸에 한자어의 독음을 쓰고, 한자어를 예쁘게 써 보세요.

方向 [ ] / 方 [ ] + 向 [ ]

길을 잘못 들어 方向을 잃고 한참 헤맸다.

方	向	方	向					

變 化 변화

變 변할 변 + 化 될 화 = 變化

변해서[變] 되어[化] 가는 것이 變化이다.

사물의 성질, 모양, 상태 따위가 바뀌어 달라짐.

❀ 다음 빈칸에 한자어의 독음을 쓰고, 한자어를 예쁘게 써 보세요.

變化 [ ] / 變 [ ] + 化 [ ]

새 학년이 되었으니 내 스스로 變化 하겠다고 다짐했다.

變	化	變	化				

1. 다음 ☐☐안에 알맞은 한자어를 <보기>에서 찾아 써 보세요.

보기 物體 動物 氣體 多樣 模樣 羅針盤 方向 基準 變化 物質

터 기 에 다	수 준 기 준	기 본 표 준		이 고
기 운 기 에	몸 체 하 면	공 기 같 은		이 며
벌 일 라 에	바 늘 침 에	소 반 반 은		과
많 을 다 에	모 양 양 은	여 러 모 양		이 며
움 직 일 동	물 건 물 은	움 직 이 는		이 고
모 양 모 에	모 양 양 은	겉 의 생 김		이 고
물 건 물 에	바 탕 질 은	물 체 바 탕		이 며
물 건 물 에	몸 체 하 면	형 태 가 진		이 고
모 방 에 다	향 할 향 은	방 위 향 한		이 며
변 할 변 에	될 화 하 면	바 뀌 어 진		이 다

2. 다음 한자어의 뜻을 써 보세요.

① 基準

② 氣體

③ 羅針盤

④ 多樣

⑤ 動物

⑥ 模樣

⑦ 物質

⑧ 物體

⑨ 方向

⑩ 變化

3. 다음 한자어의 독음을 쓰고, 예쁘게 한자로 써 보세요.

① 基準 [ ] | 基 | 準 | 基 | 準 | | |
② 氣體 [ ] | 氣 | 體 | 氣 | 體 | | |
③ 羅針盤 [ ] | 羅 | 針 | 盤 | 羅 | 針 | 盤 |
④ 多樣 [ ] | 多 | 樣 | 多 | 樣 | | |
⑤ 動物 [ ] | 動 | 物 | 動 | 物 | | |
⑥ 模樣 [ ] | 模 | 樣 | 模 | 樣 | | |
⑦ 物質 [ ] | 物 | 質 | 物 | 質 | | |
⑧ 物體 [ ] | 物 | 體 | 物 | 體 | | |
⑨ 方向 [ ] | 方 | 向 | 方 | 向 | | |
⑩ 變化 [ ] | 變 | 化 | 變 | 化 | | |

4. 다음 한자어에 독음과 알맞은 뜻을 바르게 연결하세요.

① 物質 •　• 방향 •　• 겉으로 나타나는 생김새나 모습.

② 物體 •　• 변화 •　• 물체를 이루는 본바탕.

③ 方向 •　• 모양 •　• 구체적인 형태를 가지고 존재하는 물건.

④ 變化 •　• 물질 •　• 어떤 방위를 향한 쪽.

⑤ 模樣 •　• 물체 •　• 사물의 성질, 모양, 상태 따위가 바뀌어 달라짐.

分類 * 性質 * 實驗 * 樂器 * 液體
演奏 * 豫想 * 意思 * 疏通 * 仔細

📍 한글로 된 가사를 노래로 부르면 한자어의 뜻이 쉽게 이해돼요.

나 눌 분 에	무 리 류 는	종 류 나 눔	분 류 이 고
성 품 성 에	바 탕 질 은	마 음 바 탕	성 질 이 며
열 매 실 에	시 험 할 험	관 찰 측 정	실 험 이 고
풍 류 악 에	그 릇 기 는	연 주 기 구	악 기 이 며
부 피 있 고	형 태 없 는	진 액 몸 체	액 체 이 고
펼 연 하 고	아 뢸 주 는	들 려 주 는	연 주 이 며
미 리 예 에	생 각 상 은	미 리 생 각	예 상 이 고
뜻 의 하 고	생 각 사 는	생 각 의 뜻	의 사 이 며
성 길 소 에	통 할 통 은	뜻 이 통 한	소 통 이 고
자 세 할 자	가 늘 세 는	아 주 분 명	자 세 하 다

📍 이제는 한자로 쓰인 한자어 가사도 쉽게 읽을 수 있어요~~^^

나 눌 分 에	무 리 類 는	種 類 나 눔	分 類 이 고
性 品 性 에	바 탕 質 은	마 음 바 탕	性 質 이 며
열 매 實 에	試 驗 할 驗	觀 察 測 定	實 驗 이 고
風 流 樂 에	그 릇 器 는	演 奏 器 具	樂 器 이 며
부 피 있 고	形 態 없 는	津 液 몸 體	液 體 이 고
펼 演 하 고	아 뢸 奏 는	들 려 주 는	演 奏 이 며
미 리 豫 에	생 각 想 은	미 리 생 각	豫 想 이 고
뜻 意 하 고	생 각 思 는	생 각 의 뜻	意 思 이 며
성 길 疏 에	通 할 通 은	뜻 이 通 한	疏 通 이 고
仔 細 할 仔	가 늘 細 는	아 주 分 明	仔 細 하 다

分 類 분류

分 나눌 분 + 類 무리 류 = 分類

종류대로[類] 나누는[分] 것이 分類이다.

사물을 종류에 따라서 가름.

❀ 다음 빈칸에 한자어의 독음을 쓰고, 한자어를 예쁘게 써 보세요.

分類 [ ] / 分 [ ] + 類 [ ]

재활용품을 종류대로 分類해서 버려야 한다.

分	類	分	類						

性 質 성질

性 성품 성 + 質 바탕 질 = 性質

타고난 성품[性]의 본바탕[質]이 性質이다.

사람이 지닌 마음의 본바탕.

❀ 다음 빈칸에 한자어의 독음을 쓰고, 한자어를 예쁘게 써 보세요.

性質 [ ] / 性 [ ] + 質 [ ]

나는 평소 性質이 급하다고 지적을 받는다.

性	質	性	質						

實 驗　실험

實　열매 **실** ＋ 驗　시험할 **험** ＝ 實驗

실제로[實] 시험[驗]해 보는 것이 實驗이다.

과학에서, 이론이나 현상을 관찰하고 측정함.

❀ 다음 빈칸에 한자어의 독음을 쓰고, 한자어를 예쁘게 써 보세요.

| 實驗 | | / | 實 | | ＋ | 驗 | |

나는 實驗을 하면서 과학에 대한 흥미를 새롭게 느꼈다.

| 實 | 驗 | 實 | 驗 | | | | | | |

樂 器　악기

樂　풍류 **악** ＋ 器　그릇 **기** ＝ 樂器

풍류[樂]를 연주하는 기구[器]가 樂器이다.

음악을 연주하는 데 쓰이는 기구를 통틀어 이르는 말.

❀ 다음 빈칸에 한자어의 독음을 쓰고, 한자어를 예쁘게 써 보세요.

| 樂器 | | / | 樂 | | ＋ | 器 | |

아이들은 樂器에 맞추어 노래를 불렀다.

| 樂 | 器 | 樂 | 器 | | | | | | |

液 體 액체

液 진 **액** + 體 몸 **체** = 液體

진[液]으로 된 물체[體]가 液體이다.

일정한 부피는 가졌으나 일정한 형태를 가지지 못한 물질.

❀ 다음 빈칸에 한자어의 독음을 쓰고, 한자어를 예쁘게 써 보세요.

液體 [　] / 液 [　] + 體 [　]

얼음에 열을 가하면 液體 상태의 물이 된다.

液	體	液	體					

演 奏 연주

演 펼 **연** + 奏 아뢸 **주** = 演奏

펼쳐서[演] 아뢰는[奏] 것이 演奏이다.

악기를 다루어 곡을 표현하거나 들려주는 일.

❀ 다음 빈칸에 한자어의 독음을 쓰고, 한자어를 예쁘게 써 보세요.

演奏 [　] / 演 [　] + 奏 [　]

우리는 피아노 演奏에 맞춰 노래를 불렀다.

演	奏	演	奏					

豫 想 예상

豫 미리 예 + 想 생각 상 = 豫想

미리[豫] 생각하여[想] 둠이 豫想이다.

어떤 일을 직접 당하기 전에 미리 생각하여 둠.

❀ 다음 빈칸에 한자어의 독음을 쓰고, 한자어를 예쁘게 써 보세요.

豫想 [　] / 豫 [　] + 想 [　]

이번 경기의 결과는 완전히 豫想을 벗어났다.

豫	想	豫	想					

意 思 의사

意 뜻 의 + 思 생각 사 = 意思

뜻[意]이나 생각[思]이 意思이다.

무엇을 하고자 하는 생각.

❀ 다음 빈칸에 한자어의 독음을 쓰고, 한자어를 예쁘게 써 보세요.

意思 [　] / 意 [　] + 思 [　]

평소 자기 意思를 분명하게 발표하는 연습을 많이 해야 한다.

意	思	意	思					

疏 通　소통

疏 성길　소　＋　通 통할　통　＝　疏通

성글게[疏] 통하는[通] 것이 疏通이다.

뜻이 서로 통하여 오해가 없음.

❀ 다음 빈칸에 한자어의 독음을 쓰고, 한자어를 예쁘게 써 보세요.

疏通 □　/　疏 □　＋　通 □

텔레비전을 끄면 가족 간의 疏通이 자연스레 늘어난다.

疏	通	疏	通				

仔 細　자세

仔 자세할　자　＋　細 가늘　세　＝　仔細

자세하고[仔] 세밀한[細] 것이 仔細이다.

사소한 부분까지 아주 구체적이고 분명히.

❀ 다음 빈칸에 한자어의 독음을 쓰고, 한자어를 예쁘게 써 보세요.

仔細 □　/　仔 □　＋　細 □

가족 간에 가끔씩은 서로의 얼굴을 仔細히 들여다보세요.

仔	細	仔	細				

1. 다음 ☐☐안에 알맞은 한자어를 <보기>에서 찾아 써 보세요.

| 보기 | 性質 演奏 仔細 實驗 液體 豫想 分類 意思 樂器 疏通 |

나 눌 분 에	무 리 류 는	종 류 나 눔		이 고
성 품 성 에	바 탕 질 은	마 음 바 탕		이 며
열 매 실 에	시 험 할 험	관 찰 측 정		이 고
풍 류 악 에	그 릇 기 는	연 주 기 구		이 며
부 피 있 고	형 태 없 는	진 액 몸 체		이 고
펼 연 하 고	아 뢸 주 는	들 려 주 는		이 며
미 리 예 에	생 각 상 은	미 리 생 각		이 고
뜻 의 하 고	생 각 사 는	생 각 의 뜻		이 며
성 길 소 에	통 할 통 은	뜻 이 통 한		이 고
자 세 할 자	가 늘 세 는	아 주 분 명		하 다

2. 다음 한자어의 뜻을 써 보세요.

① 分類

② 性質

③ 實驗

④ 樂器

⑤ 液體

⑥ 演奏

⑦ 豫想

⑧ 意思

⑨ 疏通

⑩ 仔細

3. 다음 한자어의 독음을 쓰고, 예쁘게 한자로 써 보세요.

①	分類		分	類	分	類		
②	性質		性	質	性	質		
③	實驗		實	驗	實	驗		
④	樂器		樂	器	樂	器		
⑤	液體		液	體	液	體		
⑥	演奏		演	奏	演	奏		
⑦	豫想		豫	想	豫	想		
⑧	意思		意	思	意	思		
⑨	疏通		疏	通	疏	通		
⑩	仔細		仔	細	仔	細		

4. 다음 한자어에 독음과 알맞은 뜻을 바르게 연결하세요.

①	意思	•	•	실험	•	•	사람이 지닌 마음의 본바탕.
②	疏通	•	•	의사	•	•	과학에서, 이론이나 현상을 관찰하고 측정함.
③	仔細	•	•	소통	•	•	무엇을 하고자 하는 생각.
④	性質	•	•	자세	•	•	뜻이 서로 통하여 오해가 없음.
⑤	實驗	•	•	성질	•	•	사소한 부분까지 아주 구체적이고 분명히.

도덕

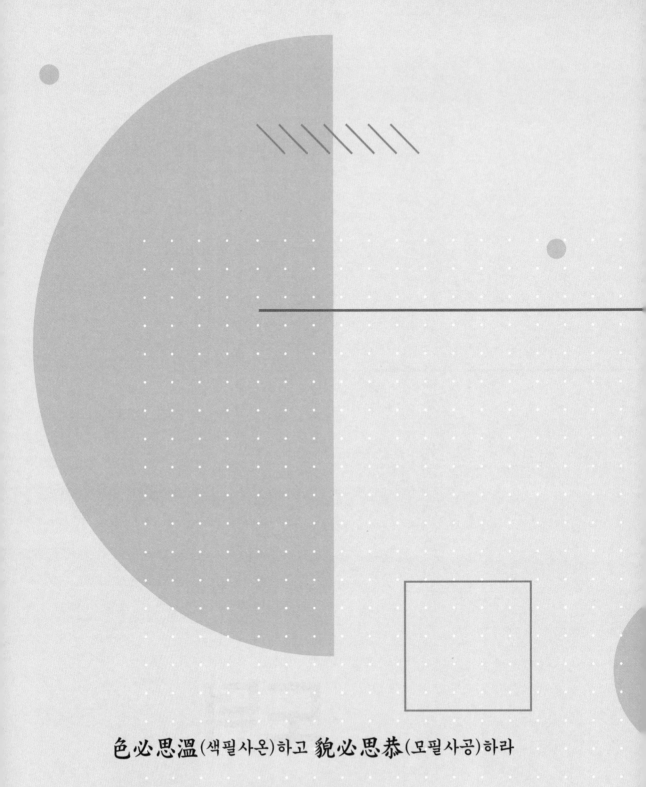

色必思溫(색필사온)하고 **貌必思恭**(모필사공)하라

낯빛은 반드시 온화할 것을 생각하고,
용모는 반드시 공손할 것을 생각하라. 《인성보감》

家庭 * 家族 * 感謝 * 公共 * 公衆
廣告 * 努力 * 道德 * 配慮 * 病菌

📍 한글로 된 가사를 노래로 부르면 한자어의 뜻이 쉽게 이해돼요.

한 가 족 의	생 활 의 집	집 가 뜰 정	가 정 이 고
집 가 에 다	겨 레 족 은	부 부 자 녀	가 족 이 며
느 낌 감 에	사 례 할 사	고 마 워 서	감 사 하 고
공 평 할 공	함 께 공 은	두 루 관 계	공 공 이 며
공 평 할 공	무 리 중 은	일 반 인 들	공 중 이 고
넓 을 광 에	알 릴 고 는	널 리 알 림	광 고 이 며
힘 쓸 노 에	힘 력 하 면	힘 껏 애 쓴	노 력 이 고
마 땅 히 들	지 킬 규 범	길 도 덕 덕	도 덕 이 며
짝 배 에 게	생 각 할 려	마 음 써 준	배 려 이 고
병 병 에 다	버 섯 균 의	병 원 균 이	병 균 이 다

📍 이제는 한자로 쓰인 한자어 가사도 쉽게 읽을 수 있어요~~^ ^

한 家 族 의	生 活 의 집	집 家 뜰 庭	家 庭 이 고
집 家 에 다	겨 레 族 은	夫 婦 子 女	家 族 이 며
느 낌 感 에	謝 禮 할 謝	고 마 워 서	感 謝 하 고
公 平 할 公	함 께 共 은	두 루 關 係	公 共 이 며
公 平 할 公	무 리 衆 은	一 般 人 들	公 衆 이 고
넓 을 廣 에	알 릴 告 는	널 리 알 림	廣 告 이 며
힘 쓸 努 에	힘 力 하 면	힘 껏 애 쓴	努 力 이 고
마 땅 히 들	지 킬 規 範	길 道 德 德	道 德 이 며
짝 配 에 게	생 각 할 慮	마 음 써 준	配 慮 이 고
病 病 에 다	버 섯 菌 의	病 原 菌 이	病 菌 이 다

家 庭 가정

| 家 | 집 가 | + | 庭 | 뜰 정 | = | 家庭 |

집안[家]의 뜰[庭]에서 생활하는 것이 家庭이다.

한 가족이 생활하는 집.

❀ 다음 빈칸에 한자어의 독음을 쓰고, 한자어를 예쁘게 써 보세요.

| 家庭 | | / | 家 | | + | 庭 | |

家庭의 평화는 그 무엇과도 바꿀 수 없는 최상의 행복이다.

| 家 | 庭 | 家 | 庭 | | | | | | |

家 族 가족

| 家 | 집 가 | + | 族 | 겨레 족 | = | 家族 |

집안[家]의 겨레붙이[族]가 家族이다.

주로 부부를 중심으로 한, 친족 관계에 있는 사람들의 집단.

❀ 다음 빈칸에 한자어의 독음을 쓰고, 한자어를 예쁘게 써 보세요.

| 家族 | | / | 家 | | + | 族 | |

아버지께서는 주말은 꼭 家族과 함께 보내십니다.

| 家 | 族 | 家 | 族 | | | | | | |

感 謝 감사

感 느낄 **감** + 謝 사례할 **사** = 感謝

느끼어서[感] 사례하는[謝] 것이 感謝이다.

고마움을 나타내는 인사.

❀ 다음 빈칸에 한자어의 독음을 쓰고, 한자어를 예쁘게 써 보세요.

感謝 [　] / 感 [　] + 謝 [　]

스승의 날을 맞아 3학년 때 담임선생님께 感謝의 편지를 썼다.

感	謝	感	謝						

公 共 공공

公 공평할 **공** + 共 함께 **공** = 公共

공평하게[公] 함께[共]하는 것이 公共이다.

국가나 사회의 구성원에게 두루 관계되는 것.

❀ 다음 빈칸에 한자어의 독음을 쓰고, 한자어를 예쁘게 써 보세요.

公共 [　] / 公 [　] + 共 [　]

公共 사무실은 금연 장소로 정해야 한다.

公	共	公	共						

公 衆 공중

公 공평할 공 + 衆 무리 중 = 公衆

공평하게[公] 모여든 무리[衆]가 公衆이다.

사회의 대부분의 사람들.

❀ 다음 빈칸에 한자어의 독음을 쓰고, 한자어를 예쁘게 써 보세요.

公衆 [　] / 公 [　] + 衆 [　]

公衆 도덕을 잘 지켜야 한다.

公	衆	公	衆				

廣 告 광고

廣 넓을 광 + 告 알릴 고 = 廣告

널리[廣] 알리는[告] 것이 廣告이다.

세상에 널리 알림.

❀ 다음 빈칸에 한자어의 독음을 쓰고, 한자어를 예쁘게 써 보세요.

廣告 [　] / 廣 [　] + 告 [　]

요즈음은 텔레비전 廣告가 급격히 늘고 있다.

廣	告	廣	告				

努 力　노력

努 힘쓸 노 ＋ 力 힘 력 ＝ 努力

힘써[努] 힘[力]을 다하는 것이 努力이다.

목적을 이루기 위하여 몸과 마음을 다하여 애를 씀.

❀ 다음 빈칸에 한자어의 독음을 쓰고, 한자어를 예쁘게 써 보세요.

| 努力 | | / | 努 | | + | 力 | |

고등학생이 된 누나는 열심히 努力하여 1등을 했다.

| 努 | 力 | 努 | 力 | | | | | | |

道 德　도덕

道 길 도 ＋ 德 덕 덕 ＝ 道德

도리[道]나 덕[德]이 道德이다.

인간이 지켜야 할 도리나 바람직한 행동 규범.

❀ 다음 빈칸에 한자어의 독음을 쓰고, 한자어를 예쁘게 써 보세요.

| 道德 | | / | 道 | | + | 德 | |

그는 道德에 대한 인식이 부족한 사람이다.

| 道 | 德 | 道 | 德 | | | | | | |

配 慮 배려

配 짝 **배** + 慮 생각할 **려** = 配慮

짝[配]을 생각해[慮] 주는 것이 配慮이다.

도와주거나 보살펴 주려고 마음을 씀.

✿ 다음 빈칸에 한자어의 독음을 쓰고, 한자어를 예쁘게 써 보세요.

| 配慮 | | / | 配 | | + | 慮 | |

청소년에 대한 관심과 配慮는 국가의 장래에 대한 문제이다.

配	慮	配	慮				

病 菌 병균

病 병 **병** + 菌 버섯 **균** = 病菌

병[病]의 원인이 되는 균[菌]이 病菌이다.

병의 원인이 되는 균.

✿ 다음 빈칸에 한자어의 독음을 쓰고, 한자어를 예쁘게 써 보세요.

| 病菌 | | / | 病 | | + | 菌 | |

바퀴벌레는 나쁜 病菌을 옮기기 때문에 약을 뿌려서 잡아야 한다.

病	菌	病	菌				

1. 다음 ☐☐안에 알맞은 한자어를 <보기>에서 찾아 써 보세요.

보기	病菌 家族 努力 感謝 公衆 廣告 道德 家庭 配慮 公共

한 가 족 의	생 활 의 집	집 가 뜰 정		이 고
집 가 에 다	겨 레 족 은	부 부 자 녀		이 며
느 낌 감 에	사 례 할 사	고 마 워 서		하 고
공 평 할 공	함 께 공 은	두 루 관 계		이 며
공 평 할 공	무 리 중 은	일 반 인 들		이 고
넓 을 광 에	알 릴 고 는	널 리 알 림		이 며
힘 쓸 노 에	힘 력 하 면	힘 껏 애 쓴		이 고
마 땅 히 들	지 킬 규 범	길 도 덕 덕		이 며
나 눌 배 에	생 각 할 려	마 음 써 준		이 고
병 병 에 다	버 섯 균 은	병 원 균 이		이 다

2. 다음 한자어의 뜻을 써 보세요.

① 家庭 ☐

② 家族 ☐

③ 感謝 ☐

④ 公共 ☐

⑤ 公衆 ☐

⑥ 廣告 ☐

⑦ 努力 ☐

⑧ 道德 ☐

⑨ 配慮 ☐

⑩ 病菌 ☐

3. 다음 한자어의 독음을 쓰고, 예쁘게 한자로 써 보세요.

			한자 쓰기				
①	家庭		家	庭	家	庭	
②	家族		家	族	家	族	
③	感謝		感	謝	感	謝	
④	公共		公	共	公	共	
⑤	公衆		公	衆	公	衆	
⑥	廣告		廣	告	廣	告	
⑦	努力		努	力	努	力	
⑧	道德		道	德	道	德	
⑨	配慮		配	慮	配	慮	
⑩	病菌		病	菌	病	菌	

4. 다음 한자어에 독음과 알맞은 뜻을 바르게 연결하세요.

① 廣告 •　• 도덕 •　• 병의 원인이 되는 균.

② 病菌 •　• 노력 •　• 도와주거나 보살펴 주려고 마음을 씀.

③ 配慮 •　• 광고 •　• 인간이 지켜야 할 도리나 바람직한 행동 규범.

④ 道德 •　• 병균 •　• 목적을 이루기 위하여 몸과 마음을 다하여 애를 씀.

⑤ 努力 •　• 배려 •　• 세상에 널리 알림.

父母 * 謝過 * 象徵 * 生命 * 選擇
所願 * 所重 * 宿題 * 實踐 * 約束

📍 한글로 된 가사를 노래로 부르면 한자어의 뜻이 쉽게 이해돼요.

아 버 지 부	어 머 니 모	낳 고 기 른	부 모 님 께
사 례 할 사	허 물 과 는	용 서 를 빎	사 과 이 며
코 끼 리 상	부 를 징 은	기 호 사 물	상 징 이 고
살 생 하 고	목 숨 명 은	살 아 숨 쉼	생 명 이 며
가 릴 선 에	가 릴 택 은	골 라 뽑 음	선 택 이 고
바 소 하 고	바 랄 원 은	바 라 는 바	소 원 이 며
바 소 에 다	무 거 울 중	매 우 귀 중	소 중 하 고
잠 잘 숙 에	제 목 제 는	방 과 과 제	숙 제 이 며
열 매 실 에	밟 을 천 은	실 제 행 함	실 천 이 고
맺 을 약 에	묶 을 속 은	미 리 정 한	약 속 이 다

📍 이제는 한자로 쓰인 한자어 가사도 쉽게 읽을 수 있어요~~^^

아 버 지 父	어 머 니 母	낳 고 기 른	父 母 님 께
謝 禮 할 謝	허 물 過 는	容 恕 를 빎	謝 過 이 며
코 끼 리 象	부 를 徵 은	記 號 事 物	象 徵 이 고
살 生 하 고	목 숨 命 은	살 아 숨 쉼	生 命 이 며
가 릴 選 에	가 릴 擇 은	골 라 뽑 음	選 擇 이 고
바 所 하 고	바 랄 願 은	바 라 는 바	所 願 이 며
바 所 에 다	무 거 울 重	매 우 貴 中	所 重 하 고
잠 잘 宿 에	題 目 題 는	放 課 課 題	宿 題 이 며
열 매 實 에	밟 을 踐 은	實 際 行 함	實 踐 이 고
맺 을 約 에	묶 을 束 은	미 리 定 한	約 束 이 다

父 母 부모

父 아버지 부 + 母 어머니 모 = 父母

아버지[父]와 어머니[母]가 父母이다.

아버지와 어머니를 아울러 이르는 말.

❀ 다음 빈칸에 한자어의 독음을 쓰고, 한자어를 예쁘게 써 보세요.

| 父母 | | / | 父 | | + | 母 | |

독음연습 父母님께서 출입하실 때에는 언제나 반드시 일어서야 한다.

| 父 | 母 | 父 | 母 | | | | | | |

謝 過 사과

謝 사례할 사 + 過 허물 과 = 謝過

허물[過]에 대해 사례하는[謝] 것이 謝過이다.

자기의 잘못을 인정하고 용서를 빎.

❀ 다음 빈칸에 한자어의 독음을 쓰고, 한자어를 예쁘게 써 보세요.

| 謝過 | | / | 謝 | | + | 過 | |

독음연습 나는 그 애의 미소를 謝過의 뜻으로 받아들였다.

| 謝 | 過 | 謝 | 過 | | | | | | |

象 徵 상징

象 코끼리 **상** + 徵 부를 **징** = 象徵

코끼리[象] 같은 특징[徵]이 象徵이다.

추상적인 개념이나 사물을 구체적인 사물로 나타냄.

❀ 다음 빈칸에 한자어의 독음을 쓰고, 한자어를 예쁘게 써 보세요.

象徵 [   ] / 象 [   ] + 徵 [   ]

대나무는 곧은 지조를 象徵한다.

象	徵	象	徵						

生 命 생명

生 살 **생** + 命 목숨 **명** = 生命

살아[生]있는 목숨[命]이 生命이다.

사람이 살아서 숨 쉬고 활동할 수 있게 하는 힘.

❀ 다음 빈칸에 한자어의 독음을 쓰고, 한자어를 예쁘게 써 보세요.

生命 [   ] / 生 [   ] + 命 [   ]

그는 나를 구해 준 生命의 은인이다.

生	命	生	命						

選擇 선택

選 가릴 선 + 擇 가릴 택 = 選擇

가리고[選] 가려내는[擇] 것이 選擇이다.

여럿 가운데서 필요한 것을 골라 뽑음.

✿ 다음 빈칸에 한자어의 독음을 쓰고, 한자어를 예쁘게 써 보세요.

選擇 [ ] / 選 [ ] + 擇 [ ]

選擇의 범위가 넓어졌다.

選	擇	選	擇						

所願 소원

所 바 소 + 願 바랄 원 = 所願

바라는[願] 바[所]가 所願이다.

바라고 원함. 또는 바라고 원하는 일.

✿ 다음 빈칸에 한자어의 독음을 쓰고, 한자어를 예쁘게 써 보세요.

所願 [ ] / 所 [ ] + 願 [ ]

우리의 所願은 통일이다.

所	願	所	願						

所重 소중

所 바 소 + 重 무거울 중 = 所重

귀중한[重] 것[所]이 所重이다.

매우 귀중하다.

❀ 다음 빈칸에 한자어의 독음을 쓰고, 한자어를 예쁘게 써 보세요.

| 所重 | | / | 所 | | + | 重 | |

독음연습 나는 무엇보다 가족이 제일 所重하다.

| 所 | 重 | 所 | 重 | | | | | | |

宿題 숙제

宿 잠잘 숙 + 題 제목 제 = 宿題

잠자는[宿] 집에서 하는 과제[題]가 宿題이다.

복습이나 예습 따위를 위하여 방과 후에 학생들에게 내주는 과제.

❀ 다음 빈칸에 한자어의 독음을 쓰고, 한자어를 예쁘게 써 보세요.

| 宿題 | | / | 宿 | | + | 題 | |

독음연습 선생님께서 宿題를 꼼꼼히 검사하셨다.

| 宿 | 題 | 宿 | 題 | | | | | | |

實踐 실천

實 열매 실 + 踐 밟을 천 = 實踐

실제로[實] 밟아가는[踐] 것이 實踐이다.

생각한 바를 실제로 행함.

❀ 다음 빈칸에 한자어의 독음을 쓰고, 한자어를 예쁘게 써 보세요.

實踐 [　　] / 實 [　　] + 踐 [　　]

나는 이번만큼은 결심한 것을 꼭 實踐에 옮길 것이다.

實	踐	實	踐					

約束 약속

約 맺을 약 + 束 묶을 속 = 約束

서로 맺고[約] 묶어서[束] 것이 約束이다.

다른 사람과 앞으로의 일을 어떻게 할 것인가를 미리 정하여 둠.

❀ 다음 빈칸에 한자어의 독음을 쓰고, 한자어를 예쁘게 써 보세요.

約束 [　　] / 約 [　　] + 束 [　　]

차가 많이 막혀서 約束 시간에 늦게 도착하였다.

約	束	約	束					

▶▶▶

1. 다음 ☐☐안에 알맞은 한자어를 <보기>에서 찾아 써 보세요.

보기

實踐 選擇 父母 象徵 生命 謝過 所重 宿題 約束 所願

아 버 지 부	어 머 니 모	낳 고 기 른		님 께
사 례 할 사	허 물 과 는	용 서 를 빎		이 며
코 끼 리 상	부 를 징 은	기 호 사 물		이 고
살 생 하 고	목 숨 명 은	살 아 숨 쉼		이 며
가 릴 선 에	가 릴 택 은	골 라 뽑 음		이 고
바 소 하 고	바 랄 원 은	바 라 는 바		이 며
바 소 에 다	무 거 울 중	매 우 귀 중		하 고
잠 잘 숙 에	제 목 제 는	방 과 과 제		이 며
열 매 실 에	밟 을 천 은	실 제 행 함		이 고
맺 을 약 에	묶 을 속 은	미 리 정 한		이 다

2. 다음 한자어의 뜻을 써 보세요.

① 父母 ☐

② 謝過 ☐

③ 象徵 ☐

④ 生命 ☐

⑤ 選擇 ☐

⑥ 所願 ☐

⑦ 所重 ☐

⑧ 宿題 ☐

⑨ 實踐 ☐

⑩ 約束 ☐

3. 다음 한자어의 독음을 쓰고, 예쁘게 한자로 써 보세요.

①	父母		父	母	父	母		
②	謝過		謝	過	謝	過		
③	象徵		象	徵	象	徵		
④	生命		生	命	生	命		
⑤	選擇		選	擇	選	擇		
⑥	所願		所	願	所	願		
⑦	所重		所	重	所	重		
⑧	宿題		宿	題	宿	題		
⑨	實踐		實	踐	實	踐		
⑩	約束		約	束	約	束		

4. 다음 한자어에 독음과 알맞은 뜻을 바르게 연결하세요.

① 所重 • • 선택 • • 생각한 바를 실제로 행함.

② 所願 • • 사과 • • 매우 귀중하다.

③ 選擇 • • 실천 • • 바라고 원함.

④ 謝過 • • 소중 • • 여럿 가운데서 필요한 것을 골라 뽑음.

⑤ 實踐 • • 소원 • • 자기의 잘못을 인정하고 용서를 빎.

禮節 * 友情 * 理由 * 人事 * 自主的
場所 * 點標 * 尊重 * 眞情 * 秩序

한글로 된 가사를 노래로 부르면 한자어의 뜻이 쉽게 이해돼요.

예 도 예 에	마 디 절 은	예 의 범 절	예 절 이 고
친 구 사 이	돈 독 한 정	벗 우 뜻 정	우 정 이 며
다 스 릴 이	말 미 암 유	까 닭 사 유	이 유 이 고
사 람 인 에	일 사 이 면	사 람 의 일	인 사 이 며
스 스 로 자	주 인 주 에	과 녁 적 은	자 주 적 과
마 당 장 에	곳 소 하 면	무 엇 하 는	장 소 이 며
점 점 에 다	우 듬 지 표	점 선 표 지	점 표 이 고
높 을 존 에	무 거 울 중	높 혀 대 함	존 중 이 며
진 실 되 고	참 된 마 음	참 진 뜻 정	진 정 이 고
차 례 질 에	차 례 서 는	순 서 차 례	질 서 이 다

이제는 한자로 쓰인 한자어 가사도 쉽게 읽을 수 있어요~~^^

禮 度 禮 에	마 디 節 은	禮 儀 凡 節	禮 節 이 고
親 舊 사 이	敦 篤 한 情	벗 友 뜻 情	友 情 이 며
다 스 릴 理	말 미 암 由	까 닭 事 由	理 由 이 고
사 람 人 에	일 事 이 면	사 람 의 일	人 事 이 며
스 스 로 自	主 人 主 에	과 녁 的 은	自 主 的 과
마 당 場 에	곳 所 하 면	무 엇 하 는	場 所 이 며
點 點 에 다	우 듬 지 標	點 線 標 識	點 標 이 고
높 을 尊 에	무 거 울 重	높 혀 對 함	尊 重 이 며
眞 實 되 고	참 된 마 음	참 眞 뜻 情	眞 情 이 고
次 例 秩 에	次 例 序 는	順 序 次 例	秩 序 이 다

禮 節 　예절

禮 　예도 　예 ＋ 節 　마디 　절 ＝ ┃禮節┃

암기비법　예의[禮]와 범절[節]이 禮節이다.

사전풀이　예의에 관한 모든 절차나 질서.

❀ 다음 빈칸에 한자어의 독음을 쓰고, 한자어를 예쁘게 써 보세요.

┃禮節┃ 　┃　┃ ／ ┃禮┃ 　┃　┃ ＋ ┃節┃ 　┃　┃

독음연습　禮節을 지키는 것은 또 다른 아름다움입니다.

禮	節	禮	節				

友 情 　우정

友 　벗 　우 ＋ 情 　뜻 　정 ＝ ┃友情┃

암기비법　벗[友] 사이의 정[情]이 友情이다.

사전풀이　친구 사이의 정.

❀ 다음 빈칸에 한자어의 독음을 쓰고, 한자어를 예쁘게 써 보세요.

┃友情┃ 　┃　┃ ／ ┃友┃ 　┃　┃ ＋ ┃情┃ 　┃　┃

독음연습　그는 나와 지난 10여 년 동안 友情을 쌓아 온 절친한 친구이다.

友	情	友	情				

理 由 이유

理 다스릴 이 + 由 말미암을 유 = 理由

다스리고[理] 말미암는[由] 것이 理由이다.

어떠한 결론이나 결과에 이른 까닭이나 근거.

❀ 다음 빈칸에 한자어의 독음을 쓰고, 한자어를 예쁘게 써 보세요.

理由 [ ] / 理 [ ] + 由 [ ]

아무런 理由도 없이 친구를 괴롭히는 것은 범죄행위이다.

理	由	理	由						

人 事 인사

人 사람 인 + 事 일 사 = 人事

남을[人] 섬기는[事] 것이 人事이다.

마주 대하거나 헤어질 때에 예를 표함.

❀ 다음 빈칸에 한자어의 독음을 쓰고, 한자어를 예쁘게 써 보세요.

人事 [ ] / 人 [ ] + 事 [ ]

부모님께 자주 문안 人事를 드리는 것도 효도이다.

人	事	人	事						

自主的 자주적

自 스스로 자 + 主 주인 주 + 的 과녁 적 = 自主的

스스로[自] 주인[主]인 것[的]이 自主的이다.

남의 보호나 간섭을 받지 아니하고 자기 일을 스스로 처리하는 것.

❀ 다음 빈칸에 한자어의 독음을 쓰고, 한자어를 예쁘게 써 보세요.

自主的 [　　　] / 自 [　　　] + 主 [　　　] + 的 [　　　]

우리는 국방 문제를 自主的으로 해결할 것이다.

自	主	的	自	主	的				

場 所 장소

場 마당 장 + 所 곳 소 = 場所

일이 일어난 마당[場]이 있는 곳[所]이 場所이다.

어떤 일이 이루어지거나 일어나는 곳.

❀ 다음 빈칸에 한자어의 독음을 쓰고, 한자어를 예쁘게 써 보세요.

場所 [　　　] / 場 [　　　] + 所 [　　　]

친구와 약속한 場所에 10분 먼저 도착했다.

場	所	場	所				

點 標 _{점표}

點 점 점 + 標 우듬지 표 = 點標

(암기비결) 점[點]을 찍어서 나타낸 표지[標]가 點標이다.

(사전풀이) 점선으로 나타낸 표지.

❀ 다음 빈칸에 한자어의 독음을 쓰고, 한자어를 예쁘게 써 보세요.

| 點標 | | / | 點 | | + | 標 | |

(독음연습) 옷본에서 點標를 한 것은 꺾어서 박는 자리다.

| 點 | 標 | 點 | 標 | | | | | | |

尊 重 _{존중}

尊 높을 존 + 重 무거울 중 = 尊重

(암기비결) 높이어[尊] 귀중하게[重] 대하는 것이 尊重이다.

(사전풀이) 높이어 귀중하게 대함.

❀ 다음 빈칸에 한자어의 독음을 쓰고, 한자어를 예쁘게 써 보세요.

| 尊重 | | / | 尊 | | + | 重 | |

(독음연습) 인권을 尊重하는 사회가 참된 민주주의 사회입니다.

| 尊 | 重 | 尊 | 重 | | | | | | |

眞 情　진정

眞　참　진　＋　情　뜻　정　＝　眞情

참된[眞] 뜻[情]이 眞情이다.

왜곡되지 않은 참되고 애틋한 마음.

❀ 다음 빈칸에 한자어의 독음을 쓰고, 한자어를 예쁘게 써 보세요.

眞情　　　／　眞　　　＋　情

나는 眞情으로 그 아이를 좋아했다.

眞	情	眞	情					

秩 序　질서

秩　차례　질　＋　序　차례　서　＝　秩序

차례[秩]와 순서[序]가 秩序이다.

혼란 없이 순조롭게 이루어지게 하는 사물의 순서나 차례.

❀ 다음 빈칸에 한자어의 독음을 쓰고, 한자어를 예쁘게 써 보세요.

秩序　　　／　秩　　　＋　序

秩序를 지키는 것은 아름답다.

秩	序	秩	序					

1. 다음 ☐☐안에 알맞은 한자어를 <보기>에서 찾아 써 보세요.

보기	禮節 場所 秩序 友情 眞情 理由 尊重 人事 點標 自主的

예 도 예 에	마 디 절 은	예 의 범 절		이 고
친 구 사 이	돈 독 한 정	벗 우 뜻 정		이 며
다 스 릴 이	말 미 암 유	까 닭 사 유		이 고
사 람 인 에	일 사 이 면	사 람 의 일		이 며
스 스 로 자	주 인 주 에	과 녁 적 은		과
마 당 장 에	곳 소 하 면	무 엇 하 는		이 며
점 점 에 다	우 듬 지 표	점 선 표 지		이 며
높 을 존 에	무 거 울 중	높 혀 대 함		이 며
진 실 되 고	참 된 마 음	참 진 뜻 정		이 고
차 례 질 에	차 례 서 는	순 서 차 례		이 다

2. 다음 한자어의 뜻을 써 보세요.

① 禮節 ☐   ⑥ 場所 ☐

② 友情 ☐   ⑦ 點標 ☐

③ 理由 ☐   ⑧ 尊重 ☐

④ 人事 ☐   ⑨ 眞情 ☐

⑤ 自主的 ☐   ⑩ 秩序 ☐

3. 다음 한자어의 독음을 쓰고, 예쁘게 한자로 써 보세요.

①	禮節		禮	節	禮	節		
②	友情		友	情	友	情		
③	理由		理	由	理	由		
④	人事		人	事	人	事		
⑤	自主的		自	主	的	自	主	的
⑥	場所		場	所	場	所		
⑦	點標		點	標	點	標		
⑧	尊重		尊	重	尊	重		
⑨	眞情		眞	情	眞	情		
⑩	秩序		秩	序	秩	序		

4. 다음 한자어에 독음과 알맞은 뜻을 바르게 연결하세요.

① 場所 • • 존중 • • 왜곡되지 않은 참되고 애틋한 마음.

② 友情 • • 장소 • • 높이어 귀중하게 대함.

③ 禮節 • • 우정 • • 어떤 일이 이루어지거나 일어나는 곳.

④ 眞情 • • 예절 • • 친구 사이의 정.

⑤ 尊重 • • 진정 • • 예의에 관한 모든 절차나 질서.

사회

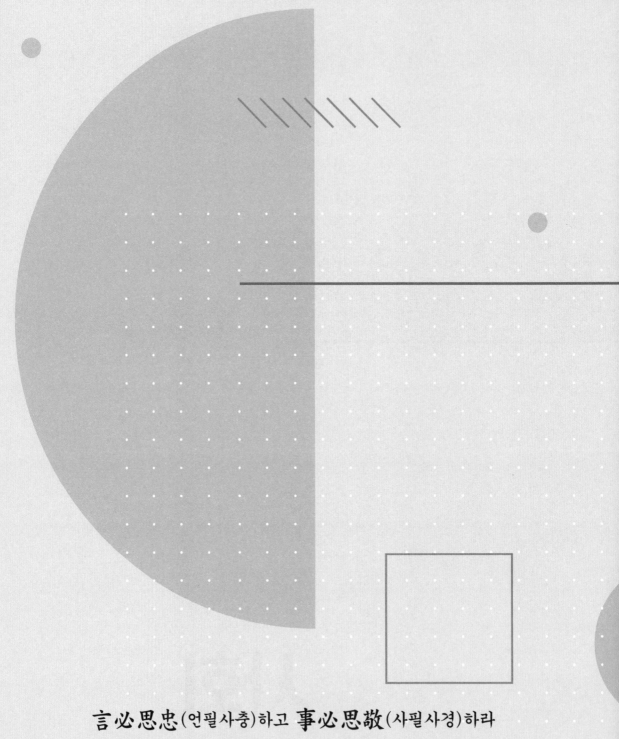

言必思忠(언필사충)하고 事必思敬(사필사경)하라

말은 반드시 충직하게 할 것을 생각하고,
일할 때는 반드시 공경할 것을 생각하라. 《인성보감》

建物 * 見學 * 季節 * 高速 * 公園
交流 * 汽車 * 道路 * 到着 * 燈臺

📍 한글로 된 가사를 노래로 부르면 한자어의 뜻이 쉽게 이해돼요.

세 울 건 에	물 건 물 은	모 든 집 이	건 물 이 고
볼 견 에 다	배 울 학 은	보 고 배 움	견 학 이 며
계 절 계 에	마 디 절 은	날 씨 따 라	계 절 이 고
높 을 고 에	빠 를 속 은	매 우 빠 른	고 속 이 며
공 평 할 공	동 산 원 은	놀 이 동 산	공 원 이 고
사 귈 교 에	흐 를 류 는	서 로 통 함	교 류 이 며
김 기 에 다	수 레 차 는	증 기 차 량	기 차 이 고
사 람 과 차	다 니 는 길	길 도 길 로	도 로 이 며
이 를 도 에	불 을 착 은	다 다 른 다	도 착 이 고
등 잔 등 에	대 대 하 면	뱃 길 비 춰	등 대 이 다

📍 이제는 한자로 쓰인 한자어 가사도 쉽게 읽을 수 있어요~~^^

세 울 建 에	物 件 物 은	모 든 집 이	建 物 이 고
볼 見 에 다	배 울 學 은	보 고 배 움	見 學 이 며
季 節 季 에	마 디 節 은	날 씨 따 라	季 節 이 고
높 을 高 에	빠 를 速 은	매 우 빠 른	高 速 이 며
公 平 할 公	동 산 園 은	놀 이 동 산	公 園 이 고
사 귈 交 에	흐 를 流 는	서 로 通 함	交 流 이 며
김 汽 에 다	수 레 車 는	蒸 氣 車 輛	汽 車 이 고
사 람 과 車	다 니 는 길	길 道 길 路	道 路 이 며
이 를 到 에	불 을 着 은	다 다 른 다	到 着 이 고
燈 盞 燈 에	臺 臺 하 면	뱃 길 비 춰	燈 臺 이 다

建 物　건물

建　세울　건　+　物　물건　물　=　建物

사람이 살기위해 세워[建]놓은 물건[物]이 建物이다.

사람이 살거나 일하거나 물건을 넣어 두기 위해 지은 집을 통틀어 이르는 말.

❀ 다음 빈칸에 한자어의 독음을 쓰고, 한자어를 예쁘게 써 보세요.

建物　　　　/　建　　　　+　物

우리 학교 建物은 100년 전에 지어진 것이다.

建	物	建	物						

見 學　견학

見　볼　견　+　學　배울　학　=　見學

보고[見] 배우는[學] 것이 見學이다.

실지로 보고 그 일에 관한 구체적인 지식을 넓힘.

❀ 다음 빈칸에 한자어의 독음을 쓰고, 한자어를 예쁘게 써 보세요.

見學　　　　/　見　　　　+　學

우리는 어제 박물관에 見學을 갔다.

見	學	見	學						

季 節　계절

季 계절 **계** + 節 마디 **절** = 季節

철마다[季] 마디로[節] 나누어 놓은 것이 季節이다.

규칙적으로 되풀이되는 자연 현상에 따라서 일 년을 구분한 것.

❀ 다음 빈칸에 한자어의 독음을 쓰고, 한자어를 예쁘게 써 보세요.

季節 [　] / 季 [　] + 節 [　]

가을은 독서의 季節이다.

季	節	季	節						

高 速　고속

高 높을 **고** + 速 빠를 **속** = 高速

높은[高] 빠르기[速]가 高速이다.

매우 빠른 속도.

❀ 다음 빈칸에 한자어의 독음을 쓰고, 한자어를 예쁘게 써 보세요.

高速 [　] / 高 [　] + 速 [　]

高速 도로를 세 시간 정도 달려 고향에 도착했다.

高	速	高	速						

公 園　공원

公　공평할　공　+　園　동산　원　=　公園

여러 사람[公]들이 쉬는 동산[園]이 公園이다.

여러 사람들이 쉬거나 즐길 수 있도록 마련된 정원이나 동산.

❀ 다음 빈칸에 한자어의 독음을 쓰고, 한자어를 예쁘게 써 보세요.

公園 [　] / 公 [　] + 園 [　]

우리 집 앞 공터가 公園으로 꾸며졌다.

公	園	公	園						

交 流　교류

交　사귈　교　+　流　흐를　류　=　交流

물 흐르듯[流] 서로 사귀는[交] 것이 交流이다.

문화나 사상 따위가 서로 통함.

❀ 다음 빈칸에 한자어의 독음을 쓰고, 한자어를 예쁘게 써 보세요.

交流 [　] / 交 [　] + 流 [　]

남북한 交流가 확대되고 있다고 한다.

交	流	交	流						

汽車 기차

汽 김 기 + 車 수레 차 = 汽車

김[汽]으로 가는 차[車]가 汽車이다.

기관차에 여객차나 화물차를 연결하여 궤도 위를 운행하는 차량.

❀ 다음 빈칸에 한자어의 독음을 쓰고, 한자어를 예쁘게 써 보세요.

汽車 [　] / 汽 [　] + 車 [　]

나는 汽車를 타고 외가인 부산에 갔다.

汽	車	汽	車					

道 路 도로

道 길 도 + 路 길 로 = 道路

길[道]과 길[路]이 道路이다.

사람, 차 따위가 잘 다닐 수 있도록 만들어 놓은 비교적 넓은 길.

❀ 다음 빈칸에 한자어의 독음을 쓰고, 한자어를 예쁘게 써 보세요.

道路 [　] / 道 [　] + 路 [　]

고개 아래에는 시내로 통하는 道路가 있다.

道	路	道	路					

到 着   도착

到 이를 도 + 着 붙을 착 = 到着

이르러[到] 붙는[着] 것이 到着이다.

목적한 곳에 다다름.

❀ 다음 빈칸에 한자어의 독음을 쓰고, 한자어를 예쁘게 써 보세요.

到着 [　] / 到 [　] + 着 [　]

소방차가 到着하였으나 불법 주차 차량 때문에 애를 태운다.

到	着	到	着						

燈 臺   등대

燈 등잔 등 + 臺 대 대 = 燈臺

등불[燈]을 밝히기 위한 대[臺]가 燈臺이다.

밤중에 항로의 위험한 곳을 표시해 주는 탑 모양의 구조물.

❀ 다음 빈칸에 한자어의 독음을 쓰고, 한자어를 예쁘게 써 보세요.

燈臺 [　] / 燈 [　] + 臺 [　]

삐죽이 솟은 섬 위로 하얀 燈臺가 보인다.

燈	臺	燈	臺						

1. 다음 ☐☐안에 알맞은 한자어를 <보기>에서 찾아 써 보세요.

보기	汽車 季節 燈臺 高速 見學 公園 交流 道路 建物 到着

세 울 건 에	물 건 물 은	모 든 집 이		이 고
볼 견 에 다	배 울 학 은	보 고 배 움		이 며
계 절 계 에	마 디 절 은	날 씨 따 라		이 고
높 을 고 에	빠 를 속 은	매 우 빠 른		이 며
공 평 할 공	동 산 원 은	놀 이 동 산		이 고
사 귈 교 에	흐 를 류 는	서 로 통 함		이 며
김 기 에 다	수 레 차 는	증 기 차 량		이 고
사 람 과 차	다 니 는 길	길 도 길 로		이 며
이 를 도 에	붙 을 착 은	다 다 른 다		이 고
등 잔 등 에	대 대 하 면	뱃 길 비 춰		이 다

2. 다음 한자어의 뜻을 써 보세요.

① 建物 ☐

② 見學 ☐

③ 季節 ☐

④ 高速 ☐

⑤ 公園 ☐

⑥ 交流 ☐

⑦ 汽車 ☐

⑧ 道路 ☐

⑨ 到着 ☐

⑩ 燈臺 ☐

3. 다음 한자어의 독음을 쓰고, 예쁘게 한자로 써 보세요.

①	建物		建	物	建	物				
②	見學		見	學	見	學				
③	季節		季	節	季	節				
④	高速		高	速	高	速				
⑤	公園		公	園	公	園				
⑥	交流		交	流	交	流				
⑦	汽車		汽	車	汽	車				
⑧	道路		道	路	道	路				
⑨	到着		到	着	到	着				
⑩	燈臺		燈	臺	燈	臺				

4. 다음 한자어에 독음과 알맞은 뜻을 바르게 연결하세요.

① 交流 • · 고 속 • · 목적한 곳에 다다름.

② 高速 • · 교 류 • · 문화나 사상 따위가 서로 통함.

③ 見學 • · 도 착 • · 매우 빠른 속도.

④ 季節 • · 계 절 • · 실지로 보고 그 일에 관한 구체적인 지식을 넓힘.

⑤ 到着 • · 견 학 • · 규칙적으로 되풀이되는 자연 현상에 따라서 일 년을 구분한 것.

文化 ＊ 未來 ＊ 發達 ＊ 變化 ＊ 附錄
比較 ＊ 寫眞 ＊ 社會 ＊ 生活 ＊ 手段

📍 한글로 된 가사를 노래로 부르면 한자어의 뜻이 쉽게 이해돼요.

글 월 문 에	될 화 하 면	글 로 변 화	문 화 이 고
아 닐 미 에	올 래 하 면	앞 날 의 뜻	미 래 이 며
필 발 에 다	이 를 달 은	성 장 성 숙	발 달 이 고
병 자 진 찰	설 비 갖 춘	병 병 집 원	병 원 이 며
붙 을 부 에	기 록 할 록	붙 인 기 록	부 록 이 고
아 닐 부 에	발 족 하 면	모 자 란 다	부 족 이 며
베 낄 사 에	참 진 하 면	물 체 영 상	사 진 이 고
모 일 사 에	모 일 회 는	인 간 집 단	사 회 이 며
생 계 꾸 려	살 아 나 감	날 생 살 활	생 활 이 고
손 수 에 다	층 계 단 은	목 적 방 법	수 단 이 다

📍 이제는 한자로 쓰인 한자어 가사도 쉽게 읽을 수 있어요~~^^

글 월 文 에	될 化 하 면	글 로 變 化	文 化 이 고
아 닐 未 에	올 來 하 면	앞 날 의 뜻	未 來 이 며
필 發 에 다	이 를 達 은	成 長 成 熟	發 達 이 고
病 者 診 察	設 備 갖 춘	病 病 집 院	病 院 이 며
붙 을 附 에	記 錄 할 錄	붙 인 記 錄	附 錄 이 고
아 닐 不 에	발 足 하 면	모 자 란 다	不 足 이 며
베 낄 寫 에	참 眞 하 면	物 體 映 像	寫 眞 이 고
모 일 社 에	모 일 會 는	人 間 集 團	社 會 이 며
生 計 꾸 려	살 아 나 감	날 生 살 活	生 活 이 고
손 手 에 다	層 階 段 은	目 的 方 法	手 段 이 다

文 化 　문화

文 　글월 　문 ＋ 化 　될 　화 ＝ 文化

글월[文]로 변화 되어[化]가는 것이 文化이다.

진리를 구하고 끊임없이 진보, 향상하려는 인간의 정신적 활동.

❀ 다음 빈칸에 한자어의 독음을 쓰고, 한자어를 예쁘게 써 보세요.

文化 　　　　 / 文 　　　　 ＋ 化

소중한 文化 유산을 잘 보존하여 후손에게 물려주어야한다.

文	化	文	化				

未 來 　미래

未 　아닐 　미 ＋ 來 　올 　래 ＝ 未來

오지[來] 않은[未] 때가 未來이다.

앞으로 올 때.

❀ 다음 빈칸에 한자어의 독음을 쓰고, 한자어를 예쁘게 써 보세요.

未來 　　　　 / 未 　　　　 ＋ 來

어린이는 우리 未來의 꿈이다.

未	來	未	來				

發 達 발달

| 發 | 필 **발** | + | 達 | 이를 **달** | = | 發達 |

🔵 피어나서[發] 이르는[達] 것이 發達이다.

🔵 신체, 정서, 지능 따위가 성장하거나 성숙함.

✿ 다음 빈칸에 한자어의 독음을 쓰고, 한자어를 예쁘게 써 보세요.

| 發達 | | / | 發 | | + | 達 | |

🔵 음악은 아이의 정서적 發達에 좋다.

| 發 | 達 | 發 | 達 | | | | | | |

病 院 병원

| 病 | 병 **병** | + | 院 | 집 **원** | = | 病院 |

🔵 병[病]을 진료하는 집[院]이 病院이다.

🔵 일정한 시설을 갖추고 병을 진찰하고 치료하는 곳.

✿ 다음 빈칸에 한자어의 독음을 쓰고, 한자어를 예쁘게 써 보세요.

| 病院 | | / | 病 | | + | 院 | |

🔵 동생은 病院에 입원한지 하루 만에 퇴원했다.

| 病 | 院 | 病 | 院 | | | | | | |

附 錄 부록

附 붙을 부 + 錄 기록할 록 = 附錄

붙여놓은[附] 기록[錄]이 附錄이다.

본문 끝에 덧붙이는 기록.

❀ 다음 빈칸에 한자어의 독음을 쓰고, 한자어를 예쁘게 써 보세요.

附錄 [　] / 附 [　] + 錄 [　]

이 책은 본 책보다 附錄이 더 재미있다.

附	錄	附	錄						

不 足 부족

不 아닐 부 + 足 발 족 = 不足

만족하지[足] 않은[不] 것이 不足이다.

일정한 정도나 양에 이르지 못함.

❀ 다음 빈칸에 한자어의 독음을 쓰고, 한자어를 예쁘게 써 보세요.

不足 [　] / 不 [　] + 足 [　]

농촌에는 일손 不足이 심각하다고 한다.

不	足	不	足						

寫 眞　사진

寫　베낄　사　+　眞　참　진　=　寫眞

참된[眞] 모습을 베껴놓은[寫] 것이 寫眞이다.

물체의 형상을 감광막 위에 나타나도록 찍어 오랫동안 보존할 수 있게 만든 영상.

❀ 다음 빈칸에 한자어의 독음을 쓰고, 한자어를 예쁘게 써 보세요.

寫眞　□　/　寫　□　+　眞　□

우리들은 졸업 寫眞을 찍었다.

寫	眞	寫	眞						

社 會　사회

社　모일　사　+　會　모일　회　=　社會

모이고[社] 모이는[會] 것이 社會이다.

공동생활을 영위하는 모든 형태의 인간 집단.

❀ 다음 빈칸에 한자어의 독음을 쓰고, 한자어를 예쁘게 써 보세요.

社會　□　/　社　□　+　會　□

나는 社會에 공헌하는 사람이 되고 싶다.

社	會	社	會						

生 活　생활

生 날 생 ＋ 活 살 활 ＝ 生活

태어나서[生] 살아가는[活] 것이 生活이다.

사람이나 동물이 일정한 환경에서 활동하며 살아감.

❀ 다음 빈칸에 한자어의 독음을 쓰고, 한자어를 예쁘게 써 보세요.

生活 ｜ ／ ｜ 生 ＋ 活

환경 운동은 일상生活 속에서 실천되어야 한다.

生 活 生 活

手 段　수단

手 손 수 ＋ 段 층계 단 ＝ 手段

손으로[手] 하는 단계[段]가 手段이다.

어떤 목적을 이루기 위한 방법.

❀ 다음 빈칸에 한자어의 독음을 쓰고, 한자어를 예쁘게 써 보세요.

手段 ｜ ／ ｜ 手 ＋ 段

부정한 手段으로 돈을 벌어서는 절대 안 된다.

手 段 手 段

▶ ▶ ▶

1. 다음 □□안에 알맞은 한자어를 <보기>에서 찾아 써 보세요.

보기	附錄 寫眞 文化 手段 未來 病院 不足 社會 發達 生活

글 월 문 에	될 화 하 면	글 로 변 화		이 고
아 닐 미 에	올 래 하 면	앞 날 의 뜻		이 며
필 발 에 다	이 를 달 은	성 장 성 숙		이 고
병 자 진 찰	설 비 갖 춘	병 병 집 원		이 며
붙 을 부 에	기 록 할 록	붙 인 기 록		이 고
아 닐 부 에	발 족 하 면	모 자 란 다		이 며
베 낄 사 에	참 진 하 면	물 체 영 상		이 고
모 일 사 에	모 일 회 는	인 간 집 단		이 며
생 계 꾸 려	살 아 나 감	날 생 살 활		이 고
손 수 에 다	층 계 단 은	목 적 방 법		이 다

2. 다음 한자어의 뜻을 써 보세요.

①	文化		⑥	不足
②	未來		⑦	寫眞
③	發達		⑧	社會
④	病院		⑨	生活
⑤	附錄		⑩	手段

3. 다음 한자어의 독음을 쓰고, 예쁘게 한자로 써 보세요.

	한자어	독음	쓰기			
①	文化		文	化	文	化
②	未來		未	來	未	來
③	發達		發	達	發	達
④	病院		病	院	病	院
⑤	附錄		附	錄	附	錄
⑥	不足		不	足	不	足
⑦	寫眞		寫	眞	寫	眞
⑧	社會		社	會	社	會
⑨	生活		生	活	生	活
⑩	手段		手	段	手	段

4. 다음 한자어에 독음과 알맞은 뜻을 바르게 연결하세요.

① 生活 •   • 부록 •   • 어떤 목적을 이루기 위한 방법.

② 手段 •   • 수단 •   • 본문 끝에 덧붙이는 기록.

③ 附錄 •   • 생활 •   • 앞으로 올 때.

④ 未來 •   • 발달 •   • 신체, 정서, 지능 따위가 성장하거나 성숙함.

⑤ 發達 •   • 미래 •   • 사람이나 동물이 일정한 환경에서 활동하며 살아감.

施設 * 市場 * 影響 * 移動 * 利用
自動車 * 調査 * 祖上 * 主題 * 中心地

📍 한글로 된 가사를 노래로 부르면 한자어의 뜻이 쉽게 이해돼요.

베 플 시 에	베 플 설 은	베 푼 설 비	시 설 이 고
저 자 시 에	마 당 장 은	장 이 서 는	시 장 이 며
그 림 자 영	울 림 향 은	효 과 미 침	영 향 이 고
옮 길 이 에	움 직 일 동	움 직 여 감	이 동 이 며
이 로 울 이	쓸 용 하 면	이 롭 게 씀	이 용 이 고
스 스 로 자	움 직 일 동	수 레 차 는	자 동 차 며
고 를 조 에	조 사 할 사	자 세 히 봄	조 사 이 고
할 아 비 조	위 상 하 면	대 대 어 른	조 상 이 며
주 인 주 에	제 목 제 는	중 심 제 목	주 제 이 고
가 운 데 중	마 음 심 에	땅 지 하 면	중 심 지 다

📍 이제는 한자로 쓰인 한자어 가사도 쉽게 읽을 수 있어요~~ ^^

베 플 施 에	베 플 設 은	베 푼 設 備	施 設 이 고
저 자 市 에	마 당 場 은	場 이 서 는	市 場 이 며
그 림 자 影	울 림 響 은	效 果 미 침	影 響 이 고
옮 길 移 에	움 직 일 動	움 직 여 감	移 動 이 며
이 로 울 利	쓸 用 하 면	利 롭 게 씀	利 用 이 고
스 스 로 自	움 직 일 動	수 레 車 는	自 動 車 며
고 를 調 에	調 査 할 査	仔 細 히 봄	調 査 이 고
할 아 비 祖	위 上 하 면	代 代 어 른	祖 上 이 며
主 人 主 에	題 目 題 는	中 心 題 目	主 題 이 고
가 운 데 中	마 음 心 에	땅 地 하 면	中 心 地 다

施 設 시설

施 베풀 시 + 設 베풀 설 = 施設

베풀어[施] 설비[設]해 놓은 것이 施設이다.

도구, 기계, 장치 따위를 베풀어 설비함.

❀ 다음 빈칸에 한자어의 독음을 쓰고, 한자어를 예쁘게 써 보세요.

施設 ____ / 施 ____ + 設 ____

학교 주변에 오락 施設이 너무 많이 들어섰다.

施	設	施	設				

市 場 시장

市 저자 시 + 場 마당 장 = 市場

저자[市]가 있는 장소[場]가 市場이다.

여러 가지 상품을 사고파는 일정한 장소.

❀ 다음 빈칸에 한자어의 독음을 쓰고, 한자어를 예쁘게 써 보세요.

市場 ____ / 市 ____ + 場 ____

어머니를 따라서 수산물 市場에 다녀왔다.

市	場	市	場				

影 響　영향

影 그림자 **영** ＋ 響 울림 **향** ＝ 影響

그림자[影]처럼 울리는[響] 것이 影響이다.

어떤 사물의 효과나 작용이 다른 것에 미치는 일.

❀ 다음 빈칸에 한자어의 독음을 쓰고, 한자어를 예쁘게 써 보세요.

影響 ☐ / 影 ☐ ＋ 響 ☐

밀물과 썰물의 현상은 달의 影響으로 일어난다.

影 響 影 響 | | | | |

移 動　이동

移 옮길 **이** ＋ 動 움직일 **동** ＝ 移動

옮기어[移] 움직이는[動] 것이 移動이다.

움직여 옮김.

❀ 다음 빈칸에 한자어의 독음을 쓰고, 한자어를 예쁘게 써 보세요.

移動 ☐ / 移 ☐ ＋ 動 ☐

우리는 장소를 移動해 가면서 봉사활동을 했다.

移 動 移 動 | | | | |

利 用　이용

利 이로울 이 ＋ 用 쓸 용 ＝ 利用

이롭게[利] 쓰는[用] 것이 利用이다.

대상을 필요에 따라 이롭게 씀.

❀ 다음 빈칸에 한자어의 독음을 쓰고, 한자어를 예쁘게 써 보세요.

利用 □ / 利 □ ＋ 用 □

나는 자동차보다 지하철을 더 많이 利用한다.

利	用	利	用				

自動車　자동차

自 스스로 자 ＋ 動 움직일 동 ＋ 車 수레 차 ＝ 自動車

스스로[自] 움직이는[動] 차[車]가 自動車이다.

사람이나 화물 따위를 운반하거나 각종 작업을 하도록 되어 있는 기계.

❀ 다음 빈칸에 한자어의 독음을 쓰고, 한자어를 예쁘게 써 보세요.

自動車 □ / 自 □ ＋ 動 □ ＋ 車 □

학교 앞 도로에서는 自動車가 서행하여야 한다.

自	動	車	自	動	車			

調 査　조사

調 고를 조 + 査 조사할 사 = 調査

고르게[調] 조사하는[査] 것이 調査이다.

사물의 내용을 명확히 알기 위하여 자세히 살펴보거나 찾아봄.

❀ 다음 빈칸에 한자어의 독음을 쓰고, 한자어를 예쁘게 써 보세요.

調査 ＿＿＿＿ / 調 ＿＿＿＿ + 査 ＿＿＿＿

이번 숙제는 친척의 호칭을 調査해 오는 것이다.

調	査	調	査					

祖 上　조상

祖 할아비 조 + 上 위 상 = 祖上

할아버지[祖]부터 그 위[上]의 어른들이 祖上이다.

돌아간 어버이 위로 대대의 어른.

❀ 다음 빈칸에 한자어의 독음을 쓰고, 한자어를 예쁘게 써 보세요.

祖上 ＿＿＿＿ / 祖 ＿＿＿＿ + 上 ＿＿＿＿

제사를 지내는 것은 祖上 대대로 전해 내려오는 풍습이다.

祖	上	祖	上					

主 題　주제

主 주인 주 ＋ 題 제목 제 ＝ 主題

주된[主] 제목[題]이 主題이다.

대화나 연구 따위에서 중심이 되는 문제.

✿ 다음 빈칸에 한자어의 독음을 쓰고, 한자어를 예쁘게 써 보세요.

主題 　　　 ／ 主 　　　 ＋ 題 　　　

그는 사람을 主題로 시를 썼다.

主	題	主	題				

中心地　중심지

中 가운데 중 ＋ 心 마음 심 ＋ 地 땅 지 ＝ 中心地

마음[心]의 가운데[中]가 있는 곳[地]이 中心地이다.

어떤 일이나 활동의 중심이 되는 곳.

✿ 다음 빈칸에 한자어의 독음을 쓰고, 한자어를 예쁘게 써 보세요.

中心地 　　　 ／ 中 　　 ＋ 心 　　 ＋ 地 　　

내가 사는 고장은 어업의 中心地이다.

中	心	地	中	心	地			

1. 다음 ☐☐안에 알맞은 한자어를 <보기>에서 찾아 써 보세요.

| 보기 | 自動車 市場 調査 影響 中心地 利用 祖上 施設 主題 移動 |

베 풀 시 에	베 풀 설 은	베 푼 설 비		이 고
저 자 시 에	마 당 장 은	장 이 서 는		이 며
그 림 자 영	울 림 향 은	효 과 미 침		이 고
옮 길 이 에	움 직 일 동	움 직 여 감		이 며
이 로 울 이	쓸 용 하 면	이 롭 게 씀		이 고
스 스 로 자	움 직 일 동	수 레 차 는		며
고 를 조 에	조 사 할 사	자 세 히 봄		이 고
할 아 비 조	위 상 하 면	대 대 어 른		이 며
주 인 주 에	제 목 제 는	중 심 제 목		이 고
가 운 데 중	마 음 심 에	땅 지 하 면		다

2. 다음 한자어의 뜻을 써 보세요.

① 施設 ⬚   ⑥ 自動車 ⬚

② 市場 ⬚   ⑦ 調査 ⬚

③ 影響 ⬚   ⑧ 祖上 ⬚

④ 移動 ⬚   ⑨ 主題 ⬚

⑤ 利用 ⬚   ⑩ 中心地 ⬚

3. 다음 한자어의 독음을 쓰고, 예쁘게 한자로 써 보세요.

①	施設		施	設	施	設		
②	市場		市	場	市	場		
③	影響		影	響	影	響		
④	移動		移	動	移	動		
⑤	利用		利	用	利	用		
⑥	自動車		自	動	車	自	動	車
⑦	調査		調	査	調	査		
⑧	祖上		祖	上	祖	上		
⑨	主題		主	題	主	題		
⑩	中心地		中	心	地	中	心	地

4. 다음 한자어에 독음과 알맞은 뜻을 바르게 연결하세요.

① 利用 •   • 조상 •   • 대화나 연구 따위에서 중심이 되는 문제.

② 祖上 •   • 이용 •   • 돌아간 어버이 위로 대대의 어른.

③ 市場 •   • 이동 •   • 대상을 필요에 따라 이롭게 씀.

④ 主題 •   • 시장 •   • 움직여 옮김.

⑤ 移動 •   • 주제 •   • 여러 가지 상품을 사고파는 일정한 장소.

초등교과서 한자어

평가문제

3학년

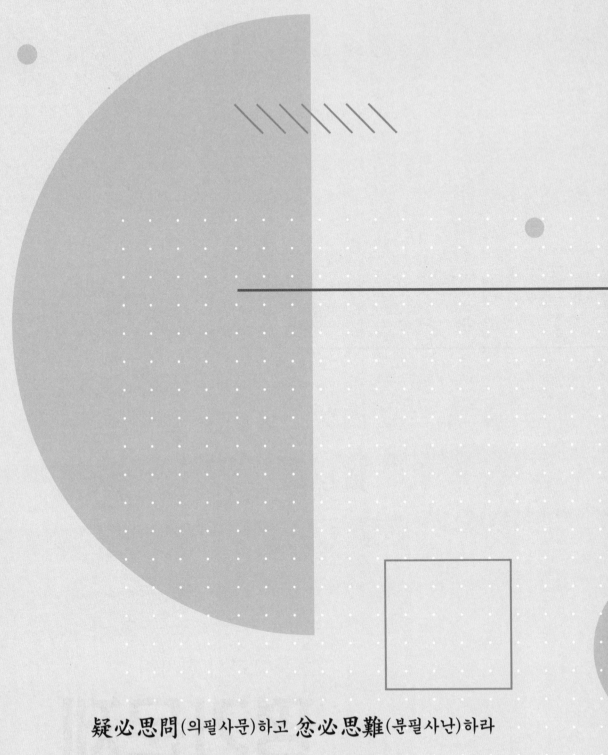

疑必思問(의필사문)하고 忿必思難(분필사난)하라

의심이 난 것은 반드시 물어 볼 것을 생각하고,
성날 때에는 반드시 여러울 것을 생각하라. 《인성보감》

초등교과서 한자어 [3학년] 평가문제지

• (   )학교   • (   )학년   • 성명(   )

국어 [20문항]

▣ 다음 한자어와 독음을 바르게 연결하세요.

1. 皇帝 •   ① • 예측

2. 表現 •   ② • 직접

3. 次例 •   ③ • 황제

4. 豫測 •   ④ • 표현

5. 直接 •   ⑤ • 차례

▣ 다음 뜻에 알맞은 한자어의 번호를 <보기>에서 찾아 쓰세요.

보기 ①教室   ②怪物   ③健康

6. 정신적으로나 육체적으로 아무 탈 없이 튼튼함.·················· (   )

7. 유치원, 초등학교, 중·고등학교에서 학습 활동이 이루어지는 방. (   )

▣ 다음 중 한자어의 독음이 바른 것의 번호를 쓰세요.

8. 料理 ····························· (   )
① 과리   ② 요리
③ 조리   ④ 사리

9. 斟酌 ····························· (   )
① 요약   ② 과작
③ 짐약   ④ 짐작

▣ 다음 한자어의 뜻이 바른 것의 번호를 쓰세요.

10. 簡單 ····························· (   )
① 단순하고 간략하다.
② 대쪽이 한 개다.
③ 간편하게 낱개를 가졌다.
④ 생활의 근거지가 되는 곳.

11. 考慮 ····························· (   )
① 돌아가신 아버지를 생각함.
② 날마다 생각함.
③ 생각난 것을 기억함.
④ 생각하고 헤아려 봄.

▣ 다음 문장 속 밑줄 친 한자어의 독음이 바른 것의 번호를 쓰세요.

12. 이번 학기말 성적이 너무 안 좋게 나와서 부모님께 罪悚했다. (   )
① 죄속   ② 벌송
③ 죄송   ④ 벌속

13. 명량해협은 진도와 해남의 두 <u>陸地</u> 사이에 있는 해협이다. … (　)
① 목지　　② 육지
③ 육타　　④ 목타

■ 다음 밑줄 친 한자어의 독음(소리)을 <보기>와 같이 쓰세요.

보기
하루를 <u>一日</u>이라고 한다.
·················(　일일　)

㈜14. 약속한 <u>時刻</u>에 맞추어 모임장소에 나갔다.
·····················(　　)

㈜15. 그는 몸에 <u>異常</u>을 느끼고 병원을 찾았다.
·····················(　　)

■ 다음 한자어의 독음(소리)을 <보기>와 같이 쓰세요.

보기
一日 (　일일　)

㈜16. 花盆 (　　)

㈜17. 漆板 (　　)

■ 다음 뜻에 알맞은 한자어를 <보기>에서 골라 한자로 쓰시오.

보기
弟子, 魔術, 目標
未安, 背囊, 同生

㈜18. 같은 부모에게서 태어난 자식 가운데 나이가 적은 사람.(　)

㈜19. 남에게 대하여 마음이 편치 못하고 부끄러움.·········(　)

㈜20. 어떤 목적을 이루려고 지향하는 실제적 대상으로 삼음.(　)

수학 [15문항]

■ 다음 한자어와 독음을 바르게 연결하세요.
1. 體驗 •　　① • 설명
2. 說明 •　　② • 체험
3. 補充 •　　③ • 보충
4. 圖形 •　　④ • 규칙
5. 規則 •　　⑤ • 도형

■ 다음 뜻에 알맞은 한자어의 번호를 <보기>에서 찾아 쓰세요.

보기
①學生　②熱量　③直角

6. 열을 에너지의 양으로 나타낸 것. 단위는 보통 칼로리로 표시. (　)

7. 두 직선이 만나서 이루는 90도의 각. ·············· (　)

▣ 다음 중 한자어의 독음이 바른 것의 번호를 쓰시오.

8. 連續 ······················· (　　)
　① 연독　　　　② 운독
　③ 연속　　　　④ 운속

9. 切紙 ······················· (　　)
　① 절지　　　　② 절씨
　③ 체지　　　　④ 체씨

▣ 다음 한자어의 뜻이 바른 것의 번호를 쓰세요.

10. 計算 ······················· (　　)
　① 계획을 세움.
　② 수를 세어서 계획을 짬.
　③ 계획을 숫자로 표시함.
　④ 수를 헤아림.

11. 模型 ······················· (　　)
　① 실물을 모방하여 만든 물건.
　② 모방하여 만드는 형식.
　③ 법에 근거한 형식.
　④ 거푸집을 활용함.

▣ 다음 밑줄 친 한자어의 독음(소리)을 <보기>와 같이 쓰세요.

보기	하루를 一日이라고 한다. ·················(　일일　)

주12. 차선을 바꿀 때에는 다른 차의 유무를 確認한 뒤 깜박등을 켜야 한다. ··············(　　　)

주13. 나는 잠자기 전에 책가방을 싸면서 準備物을 챙겼다.
　　·······················(　　　)

▣ 다음 한자어의 독음(소리)을 <보기>와 같이 쓰세요.

보기	一日 (　일일　)

주14. 標示 (　　　　　)

주15. 解決 (　　　　　)

과학 [15문항]

▣ 다음 한자어와 독음을 바르게 연결하세요.

1. 豫想 •　　　　　① • 실험

2. 推理 •　　　　　② • 예상

3. 實驗 •　　　　　③ • 추리

4. 觀察 •　　　　　④ • 간이

5. 簡易 •　　　　　⑤ • 관찰

▣ 다음 뜻에 알맞은 한자어의 번호를 <보기>에서 찾아 쓰세요.

보기	①演奏　②性質　③變化

6. 사물의 성질, 모양, 상태 따위가
   바뀌어 달라짐.················ (   )

7. 악기를 다루어 곡을 표현하거나 들
   려주는 일. ················· (   )

■ 다음 중 한자어의 독음이 바른 것의
번호를 쓰시오.

8. 特徵 ····················· (   )
   ① 특비   ② 지징
   ③ 지미   ④ 특징

9. 液體 ····················· (   )
   ① 야체   ② 액체
   ③ 액례   ④ 야례

■ 다음 한자어의 뜻이 바른 것의 번호
를 쓰세요.

10. 過程 ···················· (   )
    ① 지나가는 길.
    ② 과거에 가봤던 길.
    ③ 허물을 기록하는 법.
    ④ 일이나 상태가 진행하는 경로.

11. 多樣 ···················· (   )
    ① 여러 가지 모양이나 양식.
    ② 많은 문양이 그려진 천.
    ③ 양식을 많이 수집함.
    ④ 모양을 많이 그려 넣음.

■ 다음 밑줄 친 한자어의 독음(소리)
을 <보기>와 같이 쓰세요.

| 보기 | 하루를 <u>一日</u>이라고 한다. ············(일일) |

주12. 텔레비전을 끄면 가족 간의 <u>疏通</u>
이 자연스레 늘어난다.(   )

주13. 우리는 이 문제에 대한 대안의
<u>探求</u>를 위해 지혜를 모았다.
············(   )

■ 다음 한자어의 독음(소리)을 <보
기>와 같이 쓰세요.

| 보기 | <u>一日</u> (일일) |

주14. 物質 (   )

주15. 羅針盤 (   )

도덕 [15문항]

■ 다음 한자어와 독음을 바르게 연결
하세요.

1. 象徵 •   ① • 병균

2. 病菌 •   ② • 상징

3. 道德 •   ③ • 광고

4. 廣告 •   ④ • 도덕

5. 尊重 •   ⑤ • 존중

■ 다음 뜻에 알맞은 한자어의 번호를 <보기>에서 찾아 쓰세요.

| 보기 | ①努力　②家族　③友情 |

6. 주로 부부를 중심으로 한, 친족 관계에 있는 사람들의 집다.… (　　)

7. 목적을 이루기 위하여 몸과 마음을 다하여 애를 씀. ………… (　　)

■ 다음 중 한자어의 독음이 바른 것의 번호를 쓰시오.

8. 約束 ………………………… (　　)
① 약동　　　　② 작속
③ 약속　　　　④ 작동

9. 宿題 ………………………… (　　)
① 숙시　　　　② 숙제
③ 백제　　　　④ 백시

■ 다음 한자어의 뜻이 바른 것의 번호를 쓰세요.

10. 家庭 ………………………… (　　)
① 한 가족이 생활하는 집.
② 집에서 활동하는 뜰.
③ 뜰이 있는 넓은 집.
④ 한 가족이 모여 대화하는 곳.

11. 感謝 ………………………… (　　)
① 사례하고자 선물을 보냄.
② 느낀 점을 적어서 보냄.
③ 사례를 받고 감동을 받음.
④ 고마움을 나타내는 인사.

■ 다음 밑줄 친 한자어의 독음(소리)을 <보기>와 같이 쓰세요.

| 보기 | 하루를 一日이라고 한다.
…………………(　일일　) |

⑰12. 청소년에 대한 관심과 配慮는 국가의 의무이다. ……(　　　)

⑰13. 나는 이번만큼은 결심한 것을 꼭 實踐에 옮길 것이다.
…………………………(　　　)

■ 다음 한자어의 독음(소리)을 <보기>와 같이 쓰세요.

| 보기 | 一日 (　일일　) |

⑰14. 禮節 (　　　　)

⑰15. 選擇 (　　　　)

사회 [15문항]

■ 다음 한자어와 독음을 바르게 연결하세요.

1. 季節　•　　　　① • 지도

2. 燈臺　•　　　　② • 사진

3. 地圖　•　　　　③ • 환경

4. 寫眞　•　　　　④ • 계절

5. 環境　•　　　　⑤ • 등대

▣ 다음 뜻에 알맞은 한자어의 번호를 <보기>에서 찾아 쓰세요.

보기: ①施設 ②見學 ③公園

6. 실지로 보고 그 일에 관한 구체적인 지식을 넓힘. …………… (　　)

7. 도구, 기계, 장치 따위를 베풀어 설비함. ……………………… (　　)

▣ 다음 중 한자어의 독음이 바른 것의 번호를 쓰시오.

8. 影響 ………………………… (　　)
① 영향　② 영경
③ 경향　④ 경경

9. 市場 ………………………… (　　)
① 포장　② 건양
③ 시양　④ 시장

▣ 다음 한자어의 뜻이 바른 것의 번호를 쓰세요.

10. 高速 ………………………… (　　)
① 버스만 다니는 도로.
② 시속100km이상 달려야 하는 곳.
③ 매우 빠른 속도.
④ 매우 느린 속도.

11. 到着 ………………………… (　　)
① 이르러 붙임.
② 목적한 곳에 다다름.
③ 옷을 입으러 가는 곳.
④ 목적한 곳이 가까이 있음.

▣ 다음 밑줄 친 한자어의 독음(소리)을 <보기>와 같이 쓰세요.

보기: 하루를 一日이라고 한다. ……………… (일일)

주12. 이곳에는 고유어로 된 地名이 많이 남아 있다. ……………………………( )

주13. 나는 자동차보다 지하철을 더 많이 利用한다. ……………………………( )

▣ 다음 한자어의 독음(소리)을 <보기>와 같이 쓰세요.

보기: 一日 (일일)

주14. 調査 (　　　　)

주15. 祝賀 (　　　　)

☞ 시험문제지와 답안지를 비교하면서 자기 실력을 확인해 보고 스스로를 칭찬하세요.
참! 잘했어요.^^

\<3학년\>초등교과서 한자어 평가문제 해답

【국어 1~20】		1	②	7	①	13	실천
1	③	2	①	8	④	14	예절
2	④	3	③	9	②	15	선택
3	⑤	4	⑤	10	④	【사회 1~15】	
4	①	5	④	11	①	1	④
5	②	6	②	12	소통	2	⑤
6	③	7	③	13	탐구	3	①
7	①	8	③	14	물질	4	②
8	②	9	①	15	나침반	5	③
9	④	10	④	【도덕 1~15】		6	②
10	①	11	①	1	②	7	①
11	④	12	확인	2	①	8	①
12	③	13	준비물	3	④	9	④
13	②	14	표시	4	③	10	③
14	시각	15	해결	5	⑤	11	②
15	이상	【과학 1~15】		6	②	12	지명
16	화분	1	②	7	①	13	이용
17	칠판	2	③	8	③	14	조사
18	同生	3	①	9	②	15	축하
19	未安	4	⑤	10	①	교과서한자어는 오락(五樂)공부!	
20	目標	5	④	11	④		
【수학 1~15】		6	③	12	배려		

교과서 한자어 3학년